西洋教育史

中世紀及其過渡世代

滕春興　著

作者簡歷

滕春興

學歷	英國倫敦大學教育研究所博士後研究
	中國文化大學哲學博士
	國立台灣師範大學教育碩士
	國立台灣師範大學教育學士

經歷	中、小學教師、校長
	師範專校、學院副教授
	輔仁大學教授
	中國文化大學教授兼教育系主任

現職	中國文化大學教育學系教授

專著	《教育計畫之理論與實際》
	《我國教育計畫中建教合作制度之研究》
	《孟子之教育哲學思想體系與批判》
	《孟子之教育思想》
	《教育哲學與教育改革》
	《教育實習之理論與實務》
	《西洋上古教育史》

序文

「西洋」，是指西方而言，為一地理空間的概念。此一概念，隨著歷史的發展而更迭。古代所指的西洋，其範圍僅為地中海及其鄰近地區；至中世紀擴大至整個歐洲。西元十五世紀以後，由於哥倫布發現新大陸（即今日的美洲），西洋的地理概念乃擴及美洲。就吾人的地理概念：「西洋」是指歐美而言。

本文所謂的「西洋」，不僅止於地理空間概念，更以學術文化為著眼點。所謂「西洋」代表一種文化體系，所謂西方文化：遠承希臘文化、羅馬文化、基督教文化、日耳曼文化等所形成的文化體系。

本文所謂的「西洋」，兼指地理空間與文化體系兩個層面。談到教育史的意義：

在文化史上，教育與文化的關係至為密切。有學者認為：教育乃文化發展和延續的方法與工具。因為：㈠教育能夠傳遞文化；㈡教育能夠保存文化；㈢教育能夠傳播文化；㈣教育能夠創新文化。

筆者認為：教育的本身，就是文化。教育史即文化史。一部西洋教育史可以說是一部西洋文化史。易言之，「教育對文化」的關係，是「部分對全體」的關係。

教育史研究的內容：

教育活動，乃整個文化體系的一環，是以和政治、經濟、社

會、科學、技術等有互動之關係。教育史研究對象，是人類的教育活動，因而教育史的敘述，必然牽涉到政治、經濟、社會、科學、技術等文化體系的各方面。雖然我們認為教育史即為文化史，但是教育史仍然有其研究的重心。茲臚列於下：

　　一、西洋學校教育的發展。

　　二、西洋教育制度的變遷。

　　三、西洋教育思想的演進與發展。

　　總之：「學校教育的發展」、「教育制度的變遷」與「教育思想的演進與發展」之敘述，乃本研究的主要內容。

目次

【第二篇】
中世紀及其過渡世代
文化保持─古學復興─宗教改革─科學探究

第二篇

中世紀及其過渡世代
文化保持—古學復興—宗教改革—科學探究

第 **4** 章

中世紀的教育

中世紀的政經與社會文化背景

歐洲中古世紀──西元五百年到西元一千五百年被稱為「黑暗時代」，介於羅馬帝國的舊輝煌時代和文藝復興新輝煌時代之間。

詩人這樣描述歐洲中古世紀的：

> 「我注定生活在狂風暴雨之中，處在一個多災多難的時代。而你們一個更美好的時代翹首以待。一旦黑雲消散；我們的後人將再次沐浴在昔日光榮下。」
>
> 佩脫拉克〈十四世紀四〇年代〉[1]

壹、政治狀況

羅馬政府瓦解後，歐洲成為各族群所爭奪的地方。其中西元九世紀初法蘭克王國尤為強盛，西元八〇〇年國王查理曼（Charlemagne）由羅馬教宗加冕，稱「羅馬人的皇帝」。但查理曼死後因子孫爭權奪利，使法蘭克王國陷入長期分裂困境中。直到由鄂圖一世（Otto I）於西元九六二年由羅馬教宗加冕，稱為「羅馬皇

1　http://www.eastasia.ntu.edu.tw/member/Ku/history/file/06.pdf

帝」，這帝國即稱為「神聖羅馬帝國」。對於歐洲政治穩定，有很重要的地位。

中世紀早期穆罕默德（Mohammed）創建了伊斯蘭教，亦稱為回教。信仰伊斯蘭教的人稱為伊斯蘭教徒，但早期希臘與羅馬地區的人稱伊斯蘭教徒為撒拉森（Saracen）[2]。

撒拉森勢力的西漸對於歐洲文化，也有其不可磨滅的貢獻。

貳、封建制度

一、封建制度的形成

係由於日耳曼蠻族的政治組織，與羅馬帝國的社會組織相結合。在羅馬帝國時代，貴族常養著很多奴隸來耕種，但日耳曼蠻族侵入後，勢力薄弱的自耕農無法生存，只能獻出土地，以求保護，因此成了失去自由的農奴（serf）。入侵的日耳曼蠻族，部落酋長據地為王，為了答謝部下的辛勞，將占得的土地劃分為多個「采邑」，分封給部下，並賜予公、侯、伯、子、男等爵位。采邑分封與農奴制度結合，形成了一種金字塔型態的封建組織。上層為貴族；中層為商人、騎士等；下層為農奴。

2　徐宗林（1991）。西洋教育史。台北：五南。頁 165。

二、封建的爵位

下列為爵位權利[3]：

㈠公爵（Prince）：在每一大城封一位將領領導城裡的一切，包含行政、經濟等。

㈡侯爵（Marquis）：為查理曼時期的邊區長。

㈢伯爵（Count）：類似州長。

㈣子爵（Viscount）：類似副州長。

㈤男爵（Baron）：地主之下，佃農之首。

三、領主與附庸

在中古歐洲，君主為要獲得其臣下的忠忱，因此會授予土地；而臣下又可分給其他貴族。分地的人稱為「領主」（lord）；得到地的人則為「附庸」（vassal）；兩者間有一定的權利和義務關係。而附庸所得到的土地也有大小之分。歐洲史上這種制度被稱為Feudalism，中文譯為「封建制度」，這和我國古代封建制度並不相同。周代是重視血緣關係，而歐洲則是重視領主和附庸的契約關係。

「領主」和「附庸」的權利和義務為：分封采邑給附庸時，要有隆重的儀式，如：「臣服禮」──附庸先跪在領主前面，把手放在領主手中，然後說：「我成為你的人，除了對諾曼第公爵

3　羅漁（1980）。西洋中古史。台北：文化大學。頁 277。

的忠心外，我將對你遵守信誓，對抗其他一切人。」[4]；接著領主扶他起來，並授與分封的信物，稱為「受職禮」。儀式完成後，領主與附庸就契約的關係，領主有保護附庸的責任，如遇戰爭時，附庸有義務要隨領主出征；領主被俘時，附庸要籌贖金，將領主贖回；領主有喜事時，附庸要給禮金。但在下列情形中，則契約解除[5]：

㈠領主非法使附庸變成奴隸。

㈡接受謀害他人的建議。

㈢與附庸的妻子通姦。

㈣故意拔劍攻擊。

㈤領主故意不保護附庸。

下列詩歌為反映西元十一世紀騎士好戰的精神：

> 理姆斯的杜爾邦（Turpin）戰馬被殺，自己身中四矛，他，好個勇敢的長官，奮身挺立。他望著羅蘭，向他奔去，只說一句：「我還沒被打倒！只要一息尚存，真正的武士絕不服輸。」[6]

---

4 王任光（2000）。西洋中古史史料選譯。台北：稻鄉。頁 28。

5 同註 4，頁 36-37。

6 賀力斯特（C. W. Hollister）著，張學明譯（1986）。西洋中古史。台北：聯經。頁 254。

參、經濟活動

封建制度下的經濟，以莊園（Manor，也稱為曼諾亞[7]）經濟為主，呈現農業型態。莊園經濟的特色如下：

一、輪耕：農民在同一耕地種植麥類與豆類，且適時休耕以維持地力。

二、生活困苦：農民生產所得幾乎全部交付領主。

中古時代的歐洲因為沒有政府的規劃和保護，造成交通困難、社會失序、經濟封閉。僅西歐、中北歐的荒地相繼被開發為農田是經濟上的一大進步。

中世紀前期：經濟受基督教教義影響甚深。如：聖奧古斯丁認為商業是欺詐行為。也曾說過：「若使借錢給人，預期由他得到的超過你借的，那不管它是貨幣，還是穀物、酒、油或任何東西，你就是高利貸。」[8]

中世紀後期：貿易盛行。義大利教士聖多瑪斯‧亞奎納（St. Thomas Aquinas，西元一二二五至一二七四年）提出「公平價格」，即物品會隨人、時、地因效用而增值。

7　蕭行易（1997）。西洋經濟思想史論。台北：正中。頁 35。
8　同註 7，頁 39。

肆、行會組織

　　歐洲商業與貿易發展的早期，商人為了防止盜賊的竊取和封建領主的壓迫，在城市周圍建城牆、用以保護自己外；並且加強了商人與商人之間的團結。商人間組織各種行會（guild），如商人行會、工人行會等。商人最初的目的在於自保，後來漸成為對外爭取權力的組織。在西元一〇九九年就出現過織工基爾特（Craft Guilds），會員有某些立法權力。西元一二五〇年以後則更為發展。

　　基爾特是由手工藝工人所組成的，基於相同的利益對抗領主的侵略壓迫，有相當程度可以掌握生產技術，因此，不僅是維護利益，也是「專業團體」，而且在過程中有傳承技藝工作，所以也是一種教育機構。因此基爾特，不只是利益團體，也是專業團隊，更是教育機構。

伍、教會活動

　　當羅馬帝國滅敗以後，基督教教會仍在教宗領導下在歐洲發展，征服了許多異教的日耳曼人，成為社會秩序中安定的力量。西元五世紀開始，因社會動盪，使出世修行的人增加。又因為生活需要互相扶持，因此修士組成組織、建立房舍，這就是現今所稱的修道院。修道院中有一定的法規，並稱為「懶散是靈魂的敵

人」。修院制度緣起於埃及。修院和教堂成為中古歐洲宗教和知識交流的基礎。

教會活動的影響約有下列幾方面：

一、宗教

大多數的信徒追求現實生活的平安富足，及無苦痛的來世。基督教也滿足人們的需求。教士在教堂中宣導天國的福音，讓渴望得救的人們接受信息，且遵從教士所列出的道德與行為守則，如：誠實、仁愛、敬愛上帝等等。而且修士以身作則，讓人們看見接受聖靈的人過著聖潔的生活。在社會失序的狀況下，多數人都對生活抱持著悲觀的想法，但教會提供的具體守則和天國，影響了一般人對生命的態度和看法。

二、中古教育

中古時代的知識分子隨著城市的變遷而消失。當時社會中騎士或農民也都對學問興趣缺缺。只有教士和修士們有一些知識，係古代所遺留下來的珍貴資產。修院大部分設有學校去教育新進的修士；有時也會接受一些俗世弟子。教育的內容以拉丁文為主，學校中有圖書館和抄寫室，很多古代拉丁文獻，不論是基督教或非基督教的作品，都因而留存下來。

三、社會與經濟

教士教育貴族子弟和平民。修道院也發展出許多農業技術和

工具。其目標為改善對生命的態度，過儉樸的生活。修道院日漸擴大，財富累積，於是回饋社會、救濟社會。例如：捐贈貧民衣服、食物；照顧病人；做為避難所等。

陸、宗教思想

　　中世紀的思想主要以基督教的思維為主，基督教深深影響著中世紀人們的每一生活層面，包括思想、哲學、文學創作、建築藝術、雕刻、繪畫以及教育等眾多層面，但在此主流思想中也有著其他不同的思想[9]，形成百家爭鳴的狀態；直到西元的十三世紀，多瑪斯‧亞奎納出現，才中止了思想信仰上的紛爭。

　　中世紀影響人們的思想主要有神、信仰、出世觀、原罪論與人的定位等學說，以下就此說明其內容：

一、神

　　中世紀的神在人們心目中是最完美的絕對存在，祂是萬能、萬有、無所不在的，祂有其自存性、不變性及無限性；神創造萬物，神就是世上的正義，神的無限性以及無時無刻不在的特性，顯示出祂支配著一切的人與事物，當然也擁有著足以影響人事物的巨大力量[10]。

9　同註 2，頁 171。

10　伯克富（Louis Berkhof）著，趙中輝、宋華忠譯（1999）。基督教神學概論。台北：基督改革翻譯社。頁 38-40。

二、信仰

在信仰的思想上，中世紀的學者主要探討信仰與理性、情感的關係。中世紀的一些學者主張信仰重於理性功能、情感重於心智功能，有神祕主義的傾向，其中著名的學者有聖安瑟倫（St. Anselm）與聖伯納（St. Bernard）。

三、出世觀

由於受到基督教的影響，人們相信有來世的存在，他們的來世有別於中國的來世思想，他們的來世指的是天堂，是一個無罪、無惡、充滿著喜樂的新世界，認為現在所處的世界是變化性大的、不真實的，故希望能透過此世的努力，期望來世的美好。

四、原罪論

人一出生即帶有罪，這是緣由於人類的先祖亞當與夏娃因受了蛇（魔鬼的化身）的誘惑，犯了神的戒律，而被逐出伊甸園；而創造論者認為人的靈魂是由神直接創造，所以是純潔的，但是因為要承受亞當和夏娃所傳下來的罪過，所以認為人類在出生前就有罪的背負了 [11]。因為人有帶罪，所以要透過神的力量，來實現良善而完滿的生活。此種論點對中世紀教育的最大影響是「認為肉體的一切需求都是邪惡的」，所以對於兒童的教育採嚴厲的

---

11 同註 10，頁 90。

態度 [12]。

五、人的定位

　　人是為了贖罪、獲得拯救而來到這世上的，人雖然是以神的形象創造，但只是靈的部分，因人有肉體，所以會被引誘犯罪，需要透過對神的懺悔才能獲得救贖；神賦予了人類理性與自由意志，故人類有選擇善惡的能力 [13]。

柒、文化活動

　　在漫長的中世紀裡，由於宗教的蓬勃發展，使得科學研究被抵制，科學家被宗教、教會迫害的事件層出不窮，所以在學術思想以及文化的發展上是非常緩慢的。再加上傳統的封建制度、出世觀以及重視演繹的思考模式，使西方人思想較為傳統；直到培根提出經驗歸納法後，西方的學術思想、文化才有大的進步。

　　中世紀的文化主要表現在哲學、文學、建築、雕刻、音樂、繪畫、教育之上，以下就此說明之。

一、哲學

　　主要受到亞里斯多德的影響，以士林哲學 [14] 為代表，其全盛

12　同註 2，頁 172。
13　吉爾森（Eitenne Gilson）著，沈清松譯（2001）。中世紀哲學精神。台北：台灣商務。頁 277。
14　鄔昆如、高凌霞（1996）。士林哲學。台北：五南。頁 108-130。

時期之思想內容為本體論、宇宙論、人性論，也就是存有學；此派的思考模式以三段論法與演繹為主；研究的方式是從重要著作中，取出一段內容，然後做正反兩面的論辯，最終得到結論。中世紀哲學最著名的是唯名論與唯實論之爭[15]：

(一) 唯名論

唯名論探討的是什麼才是最真實的？是存在於世界的個別事物還是個別事物的共相。他們認為名不是真實的存在，真實的是那些獨立存在的個別事物。此派主要受到亞里斯多德影響。

(二) 唯實論

唯實論者認為名才是最真實的。愈普遍而能夠涵蓋同類事物特性的，其真實性愈高。此派主要是受柏拉圖觀念論影響，主張普遍性的概念，真於具體事物。

二、文學

有教會文學與非教會文學。以非教會文學而言，內容多樣化，包括人與惡魔的對抗、基督徒與異教徒的抗爭、人類情感等；尤其在騎士制度形成後，關於愛情的文學甚為盛行。

---

15 同註 2，頁 173-175。

三、建築

最具代表性的是教堂建築。中世紀的教堂乃是人們生活中不可缺少的一部分。教堂的建築主要可分為羅馬式與哥德式兩種。羅馬式的教堂用巨大的石柱以及厚牆來支持甚重的屋頂，所以窗戶少，室內較昏暗；哥德式的建築就比較高聳，因為主要用來支撐屋頂的是外面的扶壁，由於建築高，易設高大的窗戶，故室內較為明亮[16]。

四、雕刻

中世紀的雕刻多有宗教的意味，它不只有宣揚宗教信仰的作用，也有教育作用。因為中世紀文盲很多，但信徒可以依雕刻的圖像來瞭解教義內容。

五、音樂

中世紀的音樂主要是用來讚美神的，主要有詩歌、合唱、演奏、聖歌等。教會人員必須研習音樂；修士與神父通常以同一旋律來朗誦經文，稱為平歌或素歌，教堂歌唱通常沒有使用到樂器；除此之外，國王與貴族用餐時也會請人來彈奏樂器[17]。

---

16 蘭利（Andrew Langley）著，蔡淑菁譯（2006）。中世紀社會。台北：貓頭鷹。頁 32。

17 同註 16，頁 45。

六、繪畫

以大教堂的壁畫為主要，壁畫主題大多與《聖經》故事有著密不可分的關係，透過圖畫可以讓不識字的教徒知曉宗教教義及《聖經》故事。此外有色玻璃的發明也是中世紀藝術上的一大成就，它可以排列出圖形，作為教堂的裝飾。

七、教育

中古時代的基督教與人們生活息息相關，其教育當然也深受其影響。大教堂、修道院是最重要的學術中心之一，而且修士是最有學問的人，甚至學校也常設在修道院，教師由修士或傳教士擔任[18]。

第二節
基督教教育

壹、教會、修道院與學校

早期基督教教育的實施由教會負責，教徒的宗教信仰則賴家庭教育獲致。西元一世紀時，有專設的學校實施基督教教育[19]。

---

18 何怡樺編輯，陳豐書翻譯（1993）。透視中世紀。台北：正傳。頁30-31。
19 同註2，頁191。

一、教義問答學校（Catechetical school）

教義問答學校是專為洗禮者初步接受基督教而提供的初步教義瞭解的教學場所[20]。問答的意思即是師生間藉交互問答以學習關於信仰學科的制度[21]。授課方式採個別一問一答的方式進行。西元一二五年在亞歷山大港出現第一所教義問答學校，其主要在於調和哲學思想與基督教教義。

二、主教學校（Bishop's school）

主教學校設立在主教負責的教會。初期由主教自己擔任教學工作，主教學校大約在西元三世紀出現。由於一般學校教育的式微，所以主教自己從事教會神職人員的培訓工作。逐漸地因為一般學校教育的消失，所以教會訓練教士的工作，除了神職人員應具備的專業知識外，還須提供普通教育內容。主教學校是為了培養教士而設立，但由於文法學校的消失，所以主教課程也教授文法與文學等[22]。如此一來，主教學校所提供的課程就不僅止於神學，而及於博雅學科。主教座堂多在城市中，交通方便，絕非處於荒蠻山野中的修道院可比。故主教學校逐漸奪走了修道院學校的光輝，成為中世紀後期的學術文化中心[23]。

---

20 同註 2，頁 191。
21 雷通群（1990）。西洋教育通史。上海：上海書店。頁 71。
22 同註 2，頁 192。
23 同註 6，頁 321。

三、唱詩學校（Song school）

西元八世紀時，唱詩學校的成立已非常明顯，在總教堂及大聖堂多半設有文法學校及唱詩學校。初期的唱詩學校是培訓唱詩的歌手，但普通教育漸漸的增加，使唱詩學校變成小學程度的學校。而主教學校則成為一般文法學校的程度，所提供的是普通教育及神學教育兩方面。

四、修道院

修道院在中世紀的教育機構中屬較為特殊的類型。是受到近東地區禁慾主義的宗教信徒，為提升精神及心靈境界而獨居。其目的是從獨居生活中，潛思宗教信仰，拋棄世俗社會，以使一己的精神，為之提升、淨化。大多隱居山林，他們除靈修祈禱外，亦負起保存傳遞文化的責任，即抄寫希臘─羅馬古籍的工作[24]。西元五世紀時，將修道院的活動引進歐洲並制度化。然而西羅馬帝國滅亡後，文化消沉、教育不興，修道院漸成為保存西方傳統文化的中心。因為修道院是書籍保存、抄錄、教士培訓與養育的地方，所以修道院在西方教育與文化的延續及教會人才的造就上，都留下不少貢獻。在文藝復興時期，各地修道院的圖書館尤為人文學者最樂於訪問之地[25]。課程設置方面，古希臘時期的學園和希臘化時期的教義問答學校成為修道院的楷模。

---

24 同註 2，頁 193。
25 同註 6，頁 320。

　　聖本篤（St. Benedict）在義大利地區對修道院制度的建立、規章擬訂、設施的籌劃，克盡其力。本氏在卡西諾山（Monte Cassino）設立修道院，制定規章，漸成為各地仿效的對象，本氏對修道院的貢獻良多，故被封為聖哲（Saint）。

(一) 修道院在教育實施上的特點 [26]

1. 修道院多設立在離城鎮頗遠的所在，自成一個小型社區，處在與外界完全隔絕的環境下。
2. 修道院為一個自給自足的社區，所需的各項必需品均由修道院中的僧侶負責製造、生產。
3. 修道院重視的是培養虔誠、獻身於基督教的神職人員。
4. 修道院的戒律，強調貧窮、勤奮、服從、虔誠。
5. 中世紀的修道院大多成為圖書匯集的所在。
6. 修道院的主持人稱院長，是由修道院所以僧侶選舉出來的。
7. 中古時期的修道院，必定設有圖書室。僧侶抄錄書籍，乃為日常工作。
8. 本氏所制定的修道院院規：規定僧侶一天工作七小時，且每天至少有二小時讀《聖經》的時間。
9. 中世紀早期，修道院是文學、藝術思想及教育的中心所在。
10. 十二世紀以後，修道院的重要性逐漸降低。因歐洲各地市

---

26 同註 2，頁 194。

鎮興起，大學出現及主教領導地位加強，削弱了修道院的重要性。

(二) 修道院對中世紀學術的貢獻[27]

1. 由於修士們在修道院裡抄寫，所以很多歐洲古代的名著才不至於消失。
2. 修道院裡設有圖書館，圖書館兼具交換書籍及供應外界閱讀，流通便利。
3. 入修道院的青年，參加稿本的抄寫，可訓練其讀寫能力。

修院教育的終極目的，在追求個人靈魂的解脫，傾向於復行苦修或來世的理想。最初的修院教育專供於宣誓參加修院生活而為僧侶者，殆全為宗教的目的。

其後，修院學校藉自由七藝為媒介，淺嘗希臘羅馬的學術，變為定型的課程。

五、寺院學校

寺院學校或修道院是父母期望孩子及早進入修道院學校，學習拉丁語文及教義，以便將來成為修道院中的僧侶或從事神職工作。進入修道院學校多為未成年的青少年；區分為內院生與外院生。內院生是準備將來成為修道院的僧侶；外院生則是接受一般修道院教育，返回世俗社會從事神職以外的工作[28]。

---

27 劉伯驥（1983）。西洋教育史。台北：台灣中華。頁 101。
28 同註 2，頁 196。

(一) 寺院教育（Monastery Education）

在眾多寺院當中，最能突顯出信仰與文教合流的，以聖本篤寺院（St. Benedict Monastery）最為出色。聖本篤生於西元四八〇年，死於西元五五〇年。聖本篤是西方的隱修制度的始祖。於西元五二九年在義大利的卡西諾山建立了本篤會隱修院，此地後來成為西方隱修團體生活的中心[29]。

聖本篤的寺院又特別重視入院信徒必須堅持「貞潔」、「安貧」及「服從」三大信條。

1. 貞潔：凡身為修士，必須擺脫人世的關係和家庭的留戀，修身養性。
2. 安貧：凡身為修士，對於榮華富貴，要完全摒除，在院用物皆屬公有。
3. 服從：凡身為修士，自其入院，及無復有自主之權力，一切行事，唯有遵奉上級僧侶的命令，盡心竭力。

(二) 道院保存文化

在印刷術還未發明及使用之前，人工抄寫成為保存文化遺產的唯一途徑。抄寫書籍累積的結果，寺院不只有專門的「抄寫室」，以方便教徒履行書寫工作；且也有藏書室。當傳抄書籍增加時，就成為一間小型圖書館。寺院所存留下來的古典藏書，在

---

29 http://epaper.ccreadbible.org/epaper/page_99/59/benedict.htm

寺院刻意的保護之下，故能免於戰禍蹂躪，此舉便成為文藝復興時代尋覓古籍的所在，也為古學復活做了一件承先啟後的工作。這在知識被摧毀的中世紀而言，實為稀罕的知識寶庫，以及文化傳遞的重要中心。

六、女修道院與學校[30]

在中世紀初期，女修道院有很顯著的發展，尤其在日耳曼人地區有特殊的地位。日耳曼部落的女人，本來就有和男人相同的侵略精神，但此時已多少為基督教所軟化。其中許多高貴的婦女們，建立女修道院並發展出富盛譽的制度。有些非常優越的女人，成為創立者和指導者，而整個中世紀裡，女修道院的生活，不斷地吸引著優秀的女性。

女修道院之所以那麼吸引人，是因為女修道院的生活是唯一給予有學術嗜好的婦女有受教育的機會。女修道院廣開方便之門，以教育其他無意成為修女的女性。從時間上來說，早於男修道院的廣泛開放程度，亦大於男修道院之對於無意成為僧侶者。因此，在整個中世紀時期當中，在天主教家庭之間，將女兒送到女修道院接受教育並接受禮節及宗教訓練，成了普遍的習慣。於西元六世紀到十三世紀之間，歐洲的女修道院培育了許多極富修養的女性。

女修道院的教育有讀、寫、抄拉丁文古籍，這些跟男修道院

---

30 克伯萊（Cubberley, E. P.）著，楊亮功譯（1980）。西洋教育史。台北：協志工業。頁 130-131。

無異。不過此外還有音樂、紡織、針織等功課。紡織有顯著的功利目的，而針織則是除了必要的縫紉外，在祭壇罩布跟聖衣的製作上，有特殊的用途。原稿的抄寫及插圖、音樂與刺繡，特別為女性喜愛。中世紀時期，有一些插圖優美的抄本，都出自他們高妙的技術。他們對音樂與藝術的貢獻很大，對當時的生活有不小的影響。女修道院學校約在西元十三世紀中葉達到發展的最高峰，之後，就開始走下坡了。

貳、查理曼大帝的文教活動（Charles the Great，西元七四二至八一四年）

一、生平

在位期間四十餘年，文治武功之盛，足以擔當「大帝」之稱謂而無愧。後世因有當時宮廷史官愛因哈德（Einhard）的記載，而獲得關於查理曼頗為詳實的資料，留下生動的寫照。

查理曼身軀魁梧，健壯有力，愛好戰爭、狩獵和游泳，飲食有度，好學，通拉丁語，還略知希臘語文。但因就學過遲，畢生未能書寫。他勤於政治，對國事事必躬親，孜孜不倦，是一位和藹而又秉性剛強的人。

二、武功

征服倫巴王國，收義大利北部；征服撒克遜人，將易北河

（Elbe）沿岸各地收入版圖，使撒克遜人改信基督教；征服柔然人（Avars），拓展至多瑙河流域；進攻西班牙的伊斯蘭教徒，奪得西班牙北部部分地區。帝國領土包括今日法國、比利時、荷蘭、盧森堡、德國、奧地利、瑞士、義大利北部、西班牙北部等地，甚至今捷克、南斯拉夫等地亦成其附庸，史稱查理曼帝國。

三、稱帝

自西元四七六年以來，有三百多年西方沒有一個皇帝，但一個統一的羅馬帝國的思想在西方迄今尚未完全忘卻。西元八〇〇年的聖誕節彌撒中，教宗李奧三世（Leo III）將一頂皇冠加在查理曼頭上，並高呼他為「羅馬人的皇帝」（Emperor of Romans）。

四、影響

查理曼的加冕被當時西歐人視為羅馬帝國的復活，但以羅馬帝國正統自居的東羅馬帝國卻甚憤懣，此為日後東西教會分裂的重要原因之一。此舉也造成西歐一個慣例：即後來西歐各國君主即位多由教會舉行加冕典禮，無形中提高了教會的權力。

五、文化

頒布法規，包括宗教、道德，以至物質福利和社會公私生活等方面。

注意教育，獎勵地方主教和修道院開辦學校，訓練教士，甚至直接頒布律令：「每一位家長都應該遣送其子女到學校研習文

法。學生必須停留在學校，克盡全力地直到他具有了學養以後才可。」對中古時期的文教發展貢獻極大。

　　拜亞爾坤（Alcuin，西元七三四至八〇四年）為師，並在宮廷設立「宮廷學校」，為以後數世紀中，日耳曼人逐漸受古典和基督教學術開啟先河[31]。

　　查理曼大帝的養士之風，群集了許多知識分子。他們從歐洲每一個國家，每一個角落，來到大帝的宮廷。而由於宮廷的一再遷徙，學者們也一直跟著遷居，最後定都巴黎，因而使巴黎成為學術中心，後人譽為「哲學家之城」（Civitas Philosophorum）。西元十三世紀初，成立的巴黎大學，締造了士林哲學的高峰，吾人不能不追溯到查理曼大帝的養士政策[32]。

第三節
俗世教育

壹、騎士教育

　　由於中世紀的封建社會需求，促使西元九世紀以後的歐洲，漸有騎士階級的出現。

31　http://zh.wikipedia.org/wiki/查理曼大帝
　　同註 2，頁 196-200。

32　http://homework.wtuc.edu.tw/~wenlurg/forghis/0226-6.htm

　　騎士制度的風行，在十字軍東征時，達到高潮。騎士制度乃是騎士培育及服務社會的一種過程。教育上，對於基督教的理想，摻合在騎士教育的實施上。騎士要具備良好的品德；並且保護封建領主的武士，可說是允文允武的基督教紳士。其教育上的發展，對後世影響甚大。

　　騎士教育主要分為三個階段：

一、馬童階段

　　年齡約為七至十四歲，可藉家族關係跟隨父執輩活動於宮中，平時跟隨宮廷夫人學習禮儀和宮廷生活，也可在宮廷生活中研習詩詞、音樂，參與宗教儀式的各項規矩。

二、騎士隨從階段

　　年齡約為十四至二十一歲，若將來要從事騎士生涯的青少年，則須跟隨一位騎士，聽從騎士的召喚與支使。學習相關軍事技能、音樂、詩歌，還要協助騎士能夠立即從事戰鬥之各種事務。

三、騎士階段

　　二十一歲後，見習、隨從階段結束，必須接受神職人員的儀式。首先，見習騎士須沐浴，然後禁食、祈禱、自省、懺悔以及分享聖餐，經過宣誓後，教會教士便祝福他所佩帶的寶劍，最後他的領主以寶劍點他頭三次，整個儀式才算結束。

　　騎士教育從實際生活經驗，學習騎士所應具備的各項能力，

遵循基督教信條，並保護領主、教會、婦孺弱小、貧苦者。一方面振興了衰敗中的武德，提升身體的價值觀，一方面因騎士活動範圍擴大，參加三次十字軍東征。引發中世紀封建社會的社會變遷，對後世有著重大的影響。

貳、基爾特組織（guild school）

一、基爾特之緣起

基爾特（the guilds）制度起源於歐洲中世紀封建制度中的行會組織，在封建制度下，人人皆依附在社會組織中。基爾特是由職業相同者，基於互助精神組成團體，相互救濟、共同維持職業上益處的制度[33]。在政治上，人民依附於有力保護的領主之下；在經濟上，人民依存於領主與貴族的大地主以獲取生存保障；另外，依賴行會的組織，得以獲取相互的經濟保障。此一自主、獨立的團體，成為後來中世紀大學的基礎[34]。

基爾特出現順序：商人基爾特→工人（手工業）基爾特→學生、教師基爾特。

二、基爾特歷史

在歐洲商業復興初期，商人組織各種行會，如商人行會、工

33 http://tw.knowledge.yahoo.com/question/? qid=1607110601697
34 同註 2，頁 203-204。

人行會等。商人最初團結的目的為求自保，後來卻成為對外爭取權利的組織。早在西元一〇九九年就出現過織工基爾特。基爾特發展的高峰時期是在西元一二五〇年以後。在中世紀的手工業基爾特中，會員大會享有某些立法權力，但基爾特的政策往往掌握在幾位官員和一個顧問委員會手中[35]。

對內，行會嚴防自由競爭，限制勞動力的擴充，禁止業主任意增加資本；為求會員分享平等營業的機會，禁止私賣及廉價爭取顧客；並監督會員不得使用詐欺的行為，俾確保商品品質，以謀求全體利益。對外，行會要求絕對獨占，為維持對外特權，限制外地人通商於市中，或其他非會員從事手工藝，並設監守官監督會員非法交易，原料品不得售與外人，貿易以取得原料為目的。無論「商人行會」（mer-chant guild）或「工匠行會」（craft guild），都只有團體自由而無個人自由[36]。

三、基爾特組織的作用

㈠維護組成分子利益。

㈡實施職業教育。

㈢為組成分子利益而設置教育機構，如：基爾特拉丁學校，用以培養專業人才。

㈣保護組成分子政治權力。

因此基爾特可說是一種經濟、教育、政治、社會性的結合。

---

35 同註 33。

36 同註 7，頁 36-37。

演變至近代社會，就是各種行業的工會組織[37]。中世紀的工人基爾特，它既是利益團體、也是專業組織，更是教育機構[38]。

　　在學徒制度的實施下，基爾特維繫了技藝的傳授、保存前人的技術經驗，對職業教育的實施極有貢獻。

四、學習技藝

　　要在工會升遷是一條漫長且艱苦的路程。學徒必須先付上一大筆錢，受訓時間長達七年之久，這段時間學徒要向師傅學習各種工藝技術與知識。然後學徒可以晉級為技工。技工有朝一日也能成為專業師傅，不過要繳交特許權費用[39]。

　　在技藝的學習中產生的藝徒教育，培養的對象是中下階級人民，其教育目的在使他們成為各行各業的師傅。藝徒教育的歷程，從學徒要成為師傅的必經進程，有以下三個主要階段：

(一) 學徒（apprentice）

　　學徒的學習時間因不同地區與行業而有所不同，二到十年不等，一般來說通常是七年。孩童年滿七歲時，即可拜擁有技藝專長者為師傅，家長與其訂立「契約」（indenture），形同賣身契，以勞動來換取食住。修業年間，學徒須和師傅同住，如同家庭一分子。學徒在學期間，不可結婚成家，須服從盡責，忠於帥

---

37 http://tw.knowledge.yahoo.com/question/? qid=1105050910453
38 同註 33。
39 同註 16，頁 51。

傅，嚴守職業技藝的機密，愛惜行業的名譽。而師傅在此期間享有「父權」（in loco parentis）。

(二) 工頭（journeyman）

又稱技師或旅行者。學徒期結束後即擔任工頭，為進一步學習技藝的階段。在行業技術方面，雖尚未完全成熟，但已經可以指導沒有經驗的同業人員了。在此時期，他仍然接受師傅的監督指導，等技術成熟後，展示傑出作品或技術示範，經認可後，頒予證書即可自行開業服務社會。

(三) 師傅（master）

通過前述考驗後，可以獨立開業，也可以收授學徒，成為基爾特行會的一分子，享有行會成員的各項權利[40]。

學徒制中並不涉及文字的教學，但中世紀後期，學徒須對讀、寫、算予以學習。這些技能可以在夜間學校或私人教師處獲得。

五、基爾特制度主要特色有[41]

㈠利益壟斷：訂定各種規章，保障產品品質和會員生計。

㈡保守：嚴格限定產量、交易規則。

㈢專業：大學產生的根源，工人、商人、學生、教師均有行會。

---

40 同註 2。

41 同註 33、註 37。

㈣教育：傳承技藝工作。

㈤互助：會員互助合作，相互扶持。

㈥自治：行會推代表參加地方自治，民主代議雛型產生。

簡單地說就是一種保護的制度，限制產品的數目，且每樣產品都獲得相同利潤，因此不會有各式各樣的產品出現，都是相同的產品、材料和方法，保障消費者的權利，充分的品質保證。

六、基爾特學校

基爾特雖然是行會組織，但是會員們會為了慈善目的，或是為了對有潛力進一步深造的學生，提供一個預備性的教育；然而為了行會技藝的進步，便設立行會學校。

行會學校不只教授技藝，也會提供一般性學術、文化陶冶學科。在日耳曼地區，行會學校較注重技藝方面的傳授；在英國則偏重一般文化陶冶。此外，英國行會所設立的學校有資助與救濟的意義。行會學校的作用，便是以正規的教學，取代個別學徒制。

在新興的城市中，基爾特提供了一個良好的政治及教育機會，因為基爾特本身就是一個自治團體，其成員都熟知自身的權利，並運用在成員對成員間，以投票、表決等方式解決各項爭端。再者，基爾特擁有大量的成員，對當地政治自然形成影響。

總之，基爾特延續了歐洲的技職教育，培養了實用技藝人才，更為西元十二世紀以後的學者，組織自治團體，開啟歐洲大學的先聲[42]。大學的發展即由行會的精神而來的。

---

42 同註 2。

第四節
中世紀大學之肇興

中世紀的社會制度是一種封建的社會制度,在此制度下生活的人民,必須依附在各個不同的社會組織下,以謀求個人的生活保障和工作的機會。

壹、大學的由來

大學一詞,來自拉丁文,其意義為自治團體、組織、社團,為基爾特的一種形式。教師與學生,為了自身的利益紛紛像組織行會那樣的組織社團,以保障自身的權利。這種發生在教育程度較高的集會結社,就是「大學」。

早在一千多年前,全世界第一所大學誕生在義大利的波羅利亞。當時這所大學係以基督教及醫學兩個學系為開端,而逐漸發展成大學。當時,義大利人認為,在大學裡面設立神學系,可以拯救人類的靈魂;設醫學系,可以治病、可以救人,這是大學創設之初,非常神聖的宗旨與理想。當初設大學,只是為了拯救人類的心靈與肉體。

後來,由義大利大學向外推展,歐洲各國紛紛模仿,陸續設了許多大學,後來大學便由原有的神學系、醫學系,發展成為神學院、醫學院及法律學院等三大學院。神學院為了研究靈魂、拯

救靈魂；醫學院為了生命及治病；法學院則為了研究更好的法律制度，保護善良的人、懲罰惡人，以保持社會的祥和。英國的牛津大學，以及由牛津大學所發展出來的英國劍橋大學，當時都是抱著這些神聖的目的而創設的大學。直到西元十九世紀初，德國創設柏林大學以後，大學才開始重視研究。在這以前，大學教育並不重視研究。綜合上述，可見當年歐洲所創設的大學，有三大理想：第一是教育、第二是社會服務、第三是研究。為了達到這三大理想，大學可以不受政治、經濟的掌控，所以大學倡導「大學自治」的精神，從歷史的軌跡，可足以證明，要辦大學一定要有「崇高使命」。

貳、大學與一般學校的差異 [43]

一、大學由教宗、大帝或國王所特許而組設。

二、大學學生來自遠方，為求高等教育，打破地域觀念。

三、大學的每個教師或其教旨都有其詳解力，而非靠提要式的教育。

四、大學收容較為成年的學生。

五‧大學的每個學生可就其需要選讀課程。

---

43 張欽盛（1986）。歐洲教育發達史。台北：金鼎。頁 47-49。

參、大學興起的原因

一、十字軍東征

十字軍東征讓東西交通便利、新都市興起、工商業發達。工商業者為了保護工商利益而自組行會。學者為了學術研究的自由與獨立、特權的保障與生命財產的安全，也模仿行會而組成學者行會，成為大學的雛型，此行會享有學術研究與講學的自由。

二、交通往來便利

中世紀時，大學生可來往各地，聆聽名師授課，因此名師所在，學生從者如雲，蔚為學術研究之風。

三、特殊的地理環境

義大利南部的沙列諾（Salerno），景色優美，海上交通又便利，容易接觸到希臘與阿拉伯的醫學，故成為大學的醫學重鎮。又義大利北部的波隆納（Bologna），是政教衝突、法律仲裁的中心，著名的法學家於此授課[44]。

---

44 黃雋（2005）。中外教育史。高雄：高雄復文。頁 187-188。

肆、中世紀著名的三所大學

一、法學研究中心：波隆納大學（University of Bologna）

　　此大學為何成為法律研究中心，有幾個原因：一是地理環境，義大利北部極少受到蠻人蹂躪，也沒有過多的封建制度影響，因此保留了古代的法律；二是義大利城市興起最早，所有有權者單位都欲爭取城市統治權。此時存在的封建領主、商業行會和主教都是最重要的權力單位，法律之研究因此顯得迫切；三乃是西元一〇七五年至一一二二年的政教衝突頻仍。

二、哲學及神學重鎮：巴黎大學（University of Paris）

　　著名的教師阿伯拉（Abélard）執教於該地，此地又是各方學者爭辯哲學的大木營，如早期的唯實論者、唯名論者和概念論者大多論戰於此，道明派和方濟派各於西元一二一七、一二一八年到達巴黎大學，頓時學者人才輩出，前者走亞里斯多德路線，重視理性；後者則是奧古斯丁和柏拉圖路線，強調意志的重要性。兩派發生教父哲學大論戰，是學術史上頗熱鬧的盛事。

三、醫學重心：沙列諾大學（University of Salerno）

　　西元一〇六五年起，名醫君士坦丁在此講學，該地理環境優美，又有天然礦泉，故是休養的好所在，義大利南部又與希臘文

化接觸較密切，許多古代名醫的著作都間接傳到此地[45]。

伍、大學成立的歷史背景

一、自由講學興起

西元十二世紀時，屬於高等知識中的文法、邏輯已成為著名的講學重心。

(一) 文法

教學中心在查特銳斯（Chartres），著名的文法教師為貝納得（Benard）。貝納得主張文法學乃一切知識的基礎；學習文法不能只著重練習教科書的教材，必須從古典經文中去學習。又查特銳斯地區的主教，沙里斯堡的約翰（John of Salisbury）對文法學的教學頗負盛名，因此吸引了不少的學生前來追隨，以求取文法知識。

(二) 邏輯

巴黎的阿伯拉以教授邏輯學為著名。阿伯拉教學具有創意，敢向權威挑戰，思想不拘泥於傳統，因此他總是有著獨到的見解；阿伯拉擅長辯論之學，他所做的論證，精闢獨到，因此具有

---

45 同註 27。頁 128。

吸引力，所以吸引許多學生追隨他。

二、教師皆由教士充任

　　中世紀時期為了有效提高教師對正統教義的瞭解，教師任教的合格證書皆由教會主教學校的主教或主教顧問頒發。大學興起後，教師的證書改由大學中的文學教授組織頒發。為了獲得任教的合格證書，學子紛紛前往大學，接受一定的課程以便獲得任教證書。這種由主教學校中主教的頒授權，轉由大學頒授，便自然地加速了大學的發展。

三、講求專業

　　大學組織尚未形成以前，中世紀的寺院學校和主教學校，在課程上與博雅教育一起傳授的有法律、神學、醫學。到了西元十二世紀，由於知識的日益專精，專業分工化的結果，學科的研究脫離了混合的教授方式，逐漸有了分科專精的專業教學趨勢。以波隆納大學為例，該地設有一般學科研究所以提供文科的知識，但又因為受到法學家查特銳斯講授法學的影響，法律逐漸成為波隆納大學講學的主科。類似的情形，還有以醫學為著名的沙列諾大學以及神學為著名的巴黎大學。

四、一般學科研習所

　　一般的學科研習所，通常都是著名的主教學校，因為師資優良、教學良好而且可以頒授教師證書，吸引學生前來就讀，往往

也成為學術人才匯集的場所。因此哪裡有一般學科研習所，哪裡就有可能形成大學的組織。

五、大城市中的大學

中世紀大學的成立，初期只是為了學生、教師的社團結合，但是這些來自歐洲各地的知識分子，多數聚在大城市，因而匯集成學術研究的重鎮，例如：巴黎、波隆納、查特銳斯等。英國的牛津大學則是巴黎大學的教授因為不滿學校行政措施，而在西元一一六七年遷至英國牛津；而劍橋大學的教授也因不滿牛津大學的行政措施，而在西元一二〇九年遷至劍橋。

中世紀的大學，也是教會、國王、主教、多明尼加與法蘭西斯教士相互競爭的場所。被教皇或國王承認而有許可狀的大學，能夠享有某些特權，如免除稅役等，因而大學的組成也樂意獲得有權者的支持。

陸、中世紀大學的組織、目的、教師、學生、課程

一、組織

大學就性質上來說，是教師與學生為了自身的權益而自行結合成的社團。各校組織均不相同，大約有兩種型態，一是由學生負責學校行政，此種型態主要是義大利和西班牙等大學，專攻法學及醫學；另一種型態則是由教師負責學校行政，主要分布於巴

黎、北歐，研究藝術、神學為主[46]，教師與學生在某些權益上是對立的。例如：教師的社團為了教師的所得常與學生的社團相互對立。因此大學內就有教師所結合成的社團，也有學生依照本籍所成立類似同鄉會的社團。這些都可以視為自治性的社團。有時也會為了大學的利益而與國王、教皇有互相對立的情形，此時又結合成一個統整的自治社團與外在的勢力相抗衡。

二、目的

大學是中世紀學者匯集的中心，西元十二世紀陸續興起之後，就取代了中世紀早期修道院的角色，在世俗社會中成為學術文化和人才培育的搖籃；在追求學術獨立的運動中，成為社會思想的重鎮。

三、教師

具有才學之人方能成為大學的教師。即精通博雅學科，或擅長某一藝能；以及專長於某一專業知識之人士，中世紀大學多注重神學、醫學和法學專業這些方面人才的養成，所以此類教師較多。此外，博雅學科也是主要教師。

四、學生

中世紀大學的教學制度類似生徒制，如同早期的騎士教育，

---

46 同註 43，頁 47-49。

即是一位學生跟隨一位專科教師，修習一段時日，獲得同行師父的認可，就能得到合格的證書。入學年齡非常不同，大致在十四歲左右[47]。大學開放，學生來自歐洲各地的學生。

五、課程與學科

由於文化傳統的緣故，博雅學科始終是大學中的基本科目，初學者必須熟稔，分為以下科目：

㈠邏輯→亞里斯多德的《工具》（*Organon*）

　　　　波非銳的《導言》（*Introduction*）

㈡文法→範圍甚是狹窄，不包含文學。

㈢修辭及哲學→為閱讀類科目。

　　　　　　修辭方面有多納特斯的《野蠻》（*the Barbarisms*）

　　　　　　波辛斯的《論題》（*Topics*）

㈣哲學→亞里斯多德的倫理學。

六、一般大學課程分為

神學、法律、醫學與文科。文科中的「七藝」是大學必修科。

文學重亞里斯多德的文雅學科；法學為民法及教會法，以《查士丁尼法典》為主；醫學則是古希臘名醫及阿拉伯學者的醫學著作，神學即是阿奎那（**Thomas Aquinas**）的神學著作，以及《聖

---

47 同註 43，頁 47-49。

經》[48]。

至十四世紀中期，一般大學課程可分為：

㈠初學者（the baccalaureate）：研習文法、邏輯和心理學。

㈡證書者（the licence）：研習自然哲學。

㈢師傅者（the mastership）：研習道德哲學及自然哲學。

柒、學位

學位制度在西元十三世紀後出現。由於各個學程階段皆設有考試以鑑定個人學習的成效，故因此出現了學位的名稱。

入學後需要花四、五年時間研究三學科，文法、修辭、倫理，考試及格即可擁有文學士學位，若欲取得教師之資格，必須再修習算數、幾何、天文、音樂等四學科，並選擇法律、醫學、神學其中一種研習，不限年分，修習完畢通過口試即可取得碩士或者博士，取得教師證書，即可加入教師專屬的行會，具有教師之資格[49]。

學士的本意為初學者，首先必須經過文法和邏輯教師的測試，合乎條件者經由本籍成員組成的考試委員會，確定已經修習完成指定的課程，再就其專長知識領域寫一篇論文，經由答辯方式，被認可者即取得學士學位。

若欲獲得證書者的學位，須進一步修習課程，熟習指定閱讀

48　同註 43，頁 48。

49　同註 43，頁 48。

之書籍，自信可就研習領域提出答辯時，可向主教顧問申請核發證書。取得之前必須經由主教顧問和四名主試者組成之口試委員會的口試和答辯，並能就某一專題講述，順利通過者即可稱為「可執業者」。

若欲成為師傅者，須由本籍人士組成之社團認可，舉行宣誓儀式，獲得師傅評議委員的認可後，授與師傅所配戴的帽子，即可成為可以招收生徒的師傅。

捌、權利

大學之設立需要獲得教皇和國王的許可狀，往往在其授意之下，可以獲得一些特殊權利，如下：

一、免役：免除一切勞役，除非城市內有敵人或叛軍。

二、免稅：大學內之教師和學生享有免納稅之權利。

三、審判獨立：不受法律限制，享有獨立審判賞罰之權利，義大利波隆納大學首先享有，隨後各大學跟進。

四、授與學位：獲得教師證書是一些進入大學者的目標，合格的證書可以在基督教的國家內任何一處擔任教職。

五、罷教自由：教師可以在不合其意的狀況下，停止教學活動。

六、遷校自由：大學所在地若未能配合大學之需求，大學可以遷往他處。

七、飲酒自由：中世紀人民生活多所節制，但是大學生在一

些節日，享有飲酒、吃麵包的權利。

玖、教法

教學方法主要是演講和辯論[50]。

進入大學並無特定條件，但學生必須熟讀拉丁語文[51]，中世紀大學基本上是以書本為主的學習，尚未以獨立思考的方式去研究學問，故形式上的學習往往比實際知識的獲得還要多，學習多偏向於表達能力的具備，像是說話、寫作，或是辯論等活動。這時候的教授多以人文上的知識為主體，較不重視科學知識。

中世紀大學在形成上逐漸孕育了現今大學自主自治的傳統，中世紀大學的發展亦為西方近代教育的制度化，奠定了良好的發展方向。

拾、大學的評價

一、首先奠立歐洲學制基礎。

二、大學是提供知識研究的場所，其中不乏有反傳統反偶像的人物。

三、大學的建立打破教會壟斷高等教育的作風，政府開始掌管教育事業。西元十世紀開始，各地政府對於興辦大學

---

50 同註 44，頁 187-188。
51 同註 43，頁 46。

頗感熱衷。

四、大學師生特權的運用,使大學在當時及之後的社會中,成為既非附屬於教會亦不聽命於政府的獨立學術機構,大學成為反權威的庇護所。

五、中世紀大學制度、組織、作風、學位、禮服,部分還流傳至今。

中世紀的教育思想家

壹、聖奧古斯丁(St. Augustine,西元三五四至四三○年)

一、生平

聖奧古斯丁是一位神學家、哲學家及教育家[52]。因為他出生在羅馬帝國日漸衰敗而基督教卻日漸茁壯的時代。在時間上,他也是一位西方世界進入中古前的偉大思想家。他更是將基督教教義與希臘羅馬文化結合而奠立基督教教義哲學基礎的學者。是以他對後世的影響至為深遠。

---

[52] 同註 18,頁 28。

　　聖奧古斯丁是一位出生在北非的學者，地屬現今之阿爾及利亞。父親為一官員。年幼時他曾在馬達魯的文法學校就讀；十七歲時至迦太基一所修辭學校研習三年。西元三八五年時，聖奧古斯丁應聘至義大利米蘭擔任修辭學教授。在米蘭時，聖奧古斯丁皈依了基督教，作為他心靈的依靠。西元三九六年，聖奧古斯丁接受擔任北非西波地區的主教職務，獻身於宣教活動。終其餘生，他都以宣揚基督福音為職志，並從教育的見地，著書探討基督徒心靈成長的心路歷程[53]。

二、著作

　　聖奧古斯丁在著作上甚為豐富，著名《懺悔錄》，係以禱告自傳體裁的方式，陳述聖奧古斯丁當年歸信時內心掙扎及轉變。該書於西元三九七年問世。《論教師》、《文盲的教學》、《論基督徒的教育》、《神之城》[54]、《論三位一體》（主要是介紹心理學三位一體論，把神的統一與人的統一作對比，以及神的三位格與人的三位格作比較）[55]等，以上均為奧氏有名的大作。

　　聖奧古斯丁的主要貢獻是在於基督教的哲學論證。他改造了柏拉圖的思想，以便於服務於神學教義。

53　奧古斯丁（Augustine, A.）著，徐玉芹譯（1985）。懺悔錄（聖奧古斯丁）——奧古斯丁懺悔錄。台北：志文。頁 1-3。

54　主要論述神聖的照管及人類的歷史。提醒神的國度是屬靈及永垂不朽的，並非是世上任一國家可以取代的。

55　奧爾森（Roger E. Olson）著，吳瑞誠、徐成德譯（2002）。神學的故事。台北：校園。頁 325。

三、思維

聖奧古斯丁的一些重要思想與見解，值得一提的，有下列幾點：

(一) 二重的世界觀

聖奧古斯丁相信神的天國是必然存在的，而人所生活的現實世界，只是一個幻覺的世界而已。就前者而言，神的世界是一個實有（being），就後者而言，即是一個形成中（becoming）的實有。聖奧古斯丁並沒有把這兩種存在加以隔絕。他相信基督的出現，使兩種的存有能連結在一起。

(二) 心靈的三位一體說 [56]

聖奧古斯丁認為心靈有三個特質，即：實有（being）、理解（understanding）及愛（love）。這三樣特性，應即聖父、聖子、聖靈。當人與神完全融合時，人才是一個真正的圓合與統一體。奧氏以為心靈為一實存，就像天賦實存一樣，毋庸置疑。人所具有的心靈，天賦地具有理性能力，以節制人的肉體。奧氏以為人的心靈，支配人的身體；而身體卻無法作用於心靈。

聖奧古斯丁也曾說過：聖父、聖子、聖靈是完全處於平等地位。三位一體中沒有先後及高低的分別 [57]。

---

56 同註 10。
57 同註 55，頁 325。

(三) 三種的覺察

聖奧古斯丁對於人的認識能力，採取如下的解釋：

1. 身體的覺察（corporal sight）：人的眼睛可以看見外在的事物；眼睛提供了人對事物的覺察。
2. 精神的覺察（spiritual sight）：此為人心靈內在自主性的覺察，無須外在的事物觸發，就能認識到事物。
3. 心智的覺察（intellectual sight）：心靈對於來自較低階層所提供的覺察，做出解釋、判斷與糾正的活動。

(四) 信仰重於理解

奧氏以為除非你相信，否則你就不會有所理解。此即有信仰之後，才能有所理解。在認識造物主的過程中，人們必須先有信仰，才能對神有所瞭解。他認為，哲學的研究，是人們追求信仰時的一種工具，而真正的目的是宗教信仰上的建立。

(五) 性惡的人性觀 [58]

聖奧古斯丁相信原罪的說法。人類的祖先亞當、夏娃犯了神

---

58 基督教認為人從出生的那一刻起就有罪，這種罪是無法屏除的，而且是一代傳給一代，永無停止，這就是「原罪」。而原罪的由來是來自人類的祖先，亞當和夏娃。對於「原罪」，不同基督教學派對這段《聖經》記載有不同的理解，對「原罪」也有不同的理解。反對原罪論的基督徒卻認為原罪是不公平的，但上帝卻是公平的，所以不可能會有原罪出現。

的戒律，違反了伊甸園的規定，隨後人的子孫，也都先天的有了罪惡，因此嬰孩的本性是惡的。聖奧古斯丁也從這個觀點，發展出他「嬰兒洗禮」的教義，只有藉著洗禮，才能去除人的原罪。再則人的肉體匯集了各種的慾求，每當慾求顯時而理性難以克制時，人就陷於罪惡之中。因此如何嚇阻人的慾念以彰顯人的理性，實是教育的主要職務。

(六) 神之城

聖奧古斯丁所生長的時代，正是北方法蘭克人、哥德人、汪達爾人入侵羅馬帝國的時候。帝國瓦解之徵兆已明顯，奧氏覺得現實社會的各種制度，只是趨向終極美好社會的一種過渡現象而已。現實羅馬帝國的淪喪，並不意味著永恆世界的失去，因此人們不能局限在眼前感覺世界的得失，而應寄望於來世的天國。

奧氏告訴人們：帝國的淪喪，正是對人們原罪的一種懲罰。人們只有在個人得救，獲致完善之後，才能免於最後審判的處罰。對於人間的社會，他不抱太多的信心；對於來世的天國，他則堅信不移。

四、教育見解

奧氏的教育見解，約略有以下數則：

(一) 真知識是天賦的

奧氏相信人們所能獲得的真正知識，不是人的成就而是神的

賜予。他說到，事實是如何進入我的心靈中呢？當我首先知道這些事實時，我只用我的心靈；隨後這些事實即儲存於心中，然後需要時即予以應用。不管如何，這些事實必須先存在於我的心靈中。很清楚的這些事實早已深深地儲存於此，由某些力量教導我，引進於心靈之中使我認識到。往往學習就是一種使含混、不被認識的觀念，變得清晰而認識。

(二) 教育的目的是培養善良基督徒品德

認識神，照神的旨意去行事就是教育的目的。不過教育也在培養基督徒能夠奉獻、服務、愛人、敬神的品德。這些品德的培養，除了依靠基督教的教義以外，其他博雅學科也可以提供一些協助。

(三) 博雅的課程內容

聖奧古斯丁並沒有排斥希臘博雅學科所組成的課程；相反的，他肯定了希臘博雅學科在培養基督徒品德上的價值。文法、修辭、辯證、音樂、幾何、天文、算數等學科，對於神律則的瞭解，有一定的裨益。

(四) 神學是博雅學科研習完成後的另一項教材

神學和哲學可以一起學，以協助信徒建立堅定的宗教信仰。

(五) 消極的教育

在於使受教者有能力控制住自然的衝動而不被慾望所吞噬；積極的教育在於建立起信仰，然後去理解一切。

(六) 至善即神

神是最高的善，也是完美無缺的絕對實體，其他一切的善，都是由這裡引出。在道德教育上，奧氏以為個人所欲的、所需的，必須是完美無缺的善。個人一切的企求，都要符合善的要求；個人一切之行為，都必須符合神所頒定的戒律。在個人追求幸福的生活時，舉凡個人的一切所思、所慮、所行，均須依照造物主的戒律。

聖奧古斯丁論證裡的理想人，不是現世所需的理想人，而是為了迎向未來天國所需的理想人，要為來世作準備的教育理論，甚為明顯。此為後世基督教教育理論，奠立一個理論的基礎。

貳、聖多瑪斯（St. Thomas Aquinas，西元一二二五至一二七四年）

一、生平

聖多瑪斯出生於義大利，年幼於嘉錫諾山（Monte Cassino）修道院接受教育。之後北上巴黎和科隆，拜於道明會士大亞爾伯

（Albert the Great）[59] 門下，繼續完成學業。自西元一二五二年開始於巴黎任教，西元一二五六年，聖多瑪斯實際成為巴黎大學正式的神學教授。西元一二五九至一二六八年間曾先後擔任亞歷山大四世、烏爾班四世、克雷芒四世三位羅馬教皇時期的神學教師和法王路易九世的神學顧問。之後，在前往參加里昂舉行的大公會議的旅途中去世。

多氏為中世紀集大成的哲學家及神學家，他承襲了柏拉圖、亞里斯多德、新柏拉圖主義、阿拉伯哲學家及猶太哲學家的思想；亦開創以基督教思想為基礎的理性思辨思想體系[60]。

二、著作

(一) 《神學大全》[61]（*Summa Theologiae*）

一共分為三大部。第一部以簡約、清楚明確的方式呈現，雖然很多探討問題和《駁異大全》的一、二冊相同，但是神學大全用更多論證加入討論；第二部是根據亞里斯多德的思想基礎，來做一番思想上的討論，但聖多瑪斯所提出的觀點遠勝於亞里斯多德的思想；第三部主要是探討神學的問題，後來因聖多瑪斯過世，所以此部作品並未完成。

---

59 柯布登（Frederick Charles）著，胡安德譯（1997）。多瑪斯思想簡介。台南：聞道。頁 3。

60 http://cmc.fl.fju.edu.tw/wcmprc/download/20070301_08_TING.pdf

61 肯尼（Anthony Kenny）著，曾滄浪譯（1984）。阿奎納斯。台北：聯經。頁 17、18、28-31。

(二) 《博異集成》（*Summa contra Gentiles*，另名為《護教集成》，也有人稱《駁異大全》）

這部作品是以論文的方式寫成，一共分成四冊。第一冊是討論用理性來瞭解上帝的本質；第二冊是討論上帝和世界被創造的相關問題；第三冊是討論如何追求幸福以及倫理問題；第四冊是討論基督教的相關教義[62]。

(三) 《專題辯論集》（*Quaestiones disputatae*）

專論某些特殊問題，如「論真理」、「論神能」、「論惡」[63]。

三、思維

他闡明亞里斯多德的哲學思想，但是兩者間的思想仍有差異，聖多瑪斯認為宇宙是神所創造的，類似從無中生有；亞里斯多德認為一切都是來自永恆，萬物都有其潛在的形式，萬物的形式或觀念則是依神的意旨而被創造的[64]。

他的哲學思想不再是以神為中心，而是以調和人的信仰和理性作為論點，這種思維亦被稱為士林學派（Scholasticism）[65]。

提出思想見解如下：

---

62 同註 61，頁 9。
63 同註 59，頁 5。
64 同註 59，頁 80。
65 同註 60。

(一) 形上學

他由亞里斯多德提出的主張，認為形上學是只一門研究實有的學科，分析其存在、可能存在的東西，就是實體。形上學分析實有的範疇包括：實體、各種附性關係等。

聖多瑪斯接受亞里斯多德所提出實體和附性的諸多觀點，但不同的是，他強調的形上學著重在研究存在的事實，而非強調東西是什麼。亞里斯多德不斷在強調的是實體和附性間的概念，而聖多瑪斯將其概念納入並加以延伸，他認為這個世界是由有限的實體所構成，而構成這個實體存在是來自另一個原因，每一個有限實體都和天主有著關聯，以瞭解其存在的真實關係。

我們可以瞭解屬於經驗層面的東西，但是天主是超越我們自然經驗之外，而我們之所以可以認識祂，則是來自於有限之物和其存在間的關係[66]。所以，聖多瑪斯的形上學主要認為存在不再是附性；而且那使「具有附性」成為可能的，正是存在[67]。

(二) 神 V.S.人

人人天生想要追求幸福，而只有天主才有幸福，因此，如果想要追求幸福，應先瞭解天主，才可以獲得真正的幸福。

---

66 同註 59，頁 80-85。
67 同註 59，頁 111。

(三) 人：具有植物性、感覺性、理性三大層次

1. 植物性：人有生長、繁殖、新陳代謝等的活動。
2. 感覺性：人藉著五官感覺外在的事物。
3. 理性：人具有思考，由思考形成判斷，藉由判斷而形成具體知識。

(四) 道德哲學

人自然的驅使自己朝向一個方向，實現人之所以為人的潛能，達到最後的目的和至高之善的理想。人會本能的傾向自然，而道德生活是自然律所規定出來的，所以，人自然會朝社會生活要求發展。人本性所追求的一切，至死後靈魂脫離軀體，才算圓滿達成[68]。

(五) 知識論

人類可以直觀的感官事物，達成初步的認識，在思考時可以理性活動，不會完全與感官活動脫節。抽象作用屬於主動理智的活動，而理性知識所直觀感覺的對象，就是經過抽象作用而來的。所以針對亞里斯多德提出的「實在論」，聖多瑪斯反對當中所提出的「人具有直觀的認識」這一項論點[69]。

---

68 葛慕蘭（1977）。西洋中世紀。台北：輔仁。頁 107-108。
　　同註 59，頁 243-268。
69 同註 59，頁 104。

四、教育影響

(一)教育以培育基督徒為鵠的,藉由教育使人們調和信仰和理性。

(二)教育內容重視博雅、自然學科,而非局限於教父哲學。(指一般教父為堅定世人對宗教的信仰,遂藉由希臘哲學對其教義予以合理的解釋)[70]。

聖多瑪斯在哲學上的貢獻遠遠勝過教育上提出的思維,亞里斯多德在哲學思想上的貢獻極大,而聖多瑪斯針對他提出的理論做出更多的見解,更是超越了亞里斯多德。他所提出的許多思想都受到後世不斷的肯定與重視。雖然留下了未完成的作品頗感遺憾,但是,聖多瑪斯在哲學史上的地位仍是不容小覷。

參考書目

一、中文部分

1. 王任光(2000)。西洋中古史史料選譯。台北:稻鄉。

2. 加托著,夏方林譯(2000)。帝國時代:中世紀。成都:四川人民。

3. 布萊恩・威爾森(Briaa Wilson)著,傅湘雯譯(1999)。基督宗教的世界。台北:貓頭鷹。

---

70 教育部國語辭典。

4. 吉爾森（Eitenne Gilson）著，沈清松譯（2001）。中世紀哲學精神。台北：台灣商務。

5. 何怡樺編輯，陳豐書翻譯（1993）。透視中世紀。台北：正傳。

6. 伯克富（Louis Berkhof）著，吳瑞誠、徐成德譯（1999）。基督教神學概論。台北：基督教改革翻譯社。

7. 伯克富（Louis Berkhof）著，趙中輝、宋華忠譯（1990）。基督教神學概論。台北：基督改革翻譯社。

8. 克伯萊（Cubberley, E. P.）著，楊亮功譯（1980）。西洋教育史。台北：協志工業。

9. 巫寶三（1998）。歐洲中世紀經濟思想資料選輯。北京：北京商務。

10. 李文（Lawrence M. Levin）著，顏錫琦譯（1971）。歐洲封建時代。台北：廣文。

11. 狄爾尼（Brian Tierney）、裴恩特（Sidney Painter）著，袁傳偉譯（1997）。西洋中古史。台北：五南。

12. 帕米爾書店編輯部（1977）。工團主義和基爾特社會主義。台北：帕米爾。

13. 林玉体（1984）。西洋教育史專題研究論文集。台北：文景。

14. 林玉体（1999）。西洋教育史。台北：師大書苑。

15. 肯尼（Anthony Kenny）著，曾滄浪譯（1984）。阿奎納斯。台北：聯經。

16. 姜寶陞（2002）。漫談基督教思想。台北：永望。

17. 柯布登（Frederick Charles）著，胡安德譯（1997）。多瑪斯思想簡介。台南：聞道。

18. 徐宗林（1991）。西洋教育史。台北：五南。

19. 格萊夫斯（F. P. Graves）著，吳康譯（1966）。中世教育史。台北：台灣商務。

20. 張欽盛（1986）。歐洲教育發達史。台北：金鼎。

21. 許志偉（2004）。基督教思想評論。北京：世紀文景。

22. 賀力斯特（C. W. Hollister）著，張學明譯（1986）。西洋中古史。台北：聯經。

23. 黃雋（2005）。中外教育史。高雄：高雄復文。

24. 奧古斯丁（Augustine, A.）著，徐玉芹譯（1985）。懺悔錄（聖奧古斯丁）——奧古斯丁懺悔錄。台北：志文。

25. 奧古斯丁（Augustine, A.）著，湯清、湯毅仁譯（2002）。奧古斯丁選集。香港：基督教輔僑。

26. 奧爾森（Roger E. Olson）著，吳瑞誠、徐成德譯（2002）。神學的故事。台北：校園。

27. 葛慕蘭（1977）。西洋中世紀。台北：輔仁。

28. 雷通群（1990）。西洋教育通史。上海：上海書店。

29. 鄔昆如、高凌霞（1996）。士林哲學。台北：五南。

30. 趙敦華（1996）。中世紀哲學史：基督教哲學 1500 年。台北：七略。

31. 劉伯驥（1983）。西洋教育史。台北：台灣中華。

32. 蕭行易（1997）。西洋經濟思想史論。台北：正中。

33. 霍威爾士（Sarah Howarth）著，陳豐書譯（1993）。中世紀。台北：正傳。

34. 謝順道（2001）。聖靈論。台中：腓利門。

35. 羅漁（1980）。西洋中古史。台北：文化大學。

36. 蘭利（Andrew Langley）著，蔡淑菁譯（2006）。中世紀社會。台北：貓頭鷹。

二、英文部分

1. Henry II: England Invites Scholars to Leaves Paris.

2. Leidzig: Time Table of Lectures in Arts, 1519.

3. Master Stephen: Books Left by Will to the University of Paris.

4. Oxford Statutes, 1408-31: Books required for the Arts Degree.

5. Pope Nicholas IV: The Right to Grant Licenses to Teach.

6. Pope Gregory IX: Early Licensing of Professors to Teach.

7. Philip IV: Exemption at Student and Masters from Taxation.

8. Paris Statutes, 1270-74: Requirements for the Medical Degrees.

9. Rashdall and Minerva: University Foundations before 1600.

10. Roger Bacon: The Scarcity of Books on Morals.

11. Rashdall: Value and Influence of the Mediaeval University.

12. Toulouse: Time Table of Lectures in Arts, 1309.

13. Verceli: Privileges Granted to the University by the City.

14. Villani: The Cost to a City of Maintaining a University.

參考網址

1. http://www.eastasia.ntu.edu.tw/member/Ku/history/file/06.pdf
2. http://epaper.ccreadbible.org/epaper/page_99/59/benedict.htm
3. http://zh.wikipedia.org/wiki/
4. http://homework.wtuc.edu.tw/~wenlurg/forghis/0226-6.htm
5. http://cmc.fl.fju.edu.tw/wcmprc/download/20070301_08_TING.pdf
6. http://tw.knowledge.yahoo.com/question/? qid=1607110601697
7. http://tw.knowledge.yahoo.com/question/? qid=1105050910453

第 5 章

文藝復興與教育

文藝復興的起源與意義

壹、文藝復興的起源

　　文藝復興的時間大致是西元一三○○至一六五○年[1]，西元十四世紀末時，一些東羅馬的學者在義大利的佛羅倫斯辦了一所希臘學校，講授希臘古典的文化及文明。那時的西歐人發現，原來古希臘的一切是那麼的美好，因為當時的中世紀是個黑暗的時代，人們把基督教教會當成封建社會的精神領袖，一切都得按照《聖經》的教義去執行，違背的人會受到宗教法庭的制裁[2]，宗教能撫慰人心固然是好事，但卻被有心人士拿來箝制人們的思想，認為一切都應以神為思想本位，要為來世做預備，甚至有人認為只要花錢買贖罪券就可以抵銷曾犯下的罪，來世就不會受苦。在這樣的時代背景下，東羅馬的學者發現了古希臘追求現世生活價值觀的美好，就像是黑暗時代出現了曙光，人們開始拋棄以神為本位的生活準則，轉向好好把握充實現世生活，擺脫精神的束縛，發揮人的才能，享受人生的快樂，能自己掌握自己的命運，讓人

1　史可法（2001）。西洋通史總整理。台北：千華。頁 140。
2　尤義賓（2006）。世界通史。台北：漢宇。頁 176。

性獲得解放[3]。

　　文藝復興的起源是來自義大利，以義大利為中心，文藝復興的浪潮感染了全歐洲，使得中世紀的封建文化黯然失色，並為資本主義在歐洲除去了思想的障礙，之後在德國、英國、法國和西班牙也先後出現了文藝復興，孕育出宗教改革家、文學家、社會思潮創建者、自然科學家和哲學家等，因為這些人的出現，大力的推動社會歷史的演進，預告著中世紀黑暗時代的終結[4]。

　　而為什麼文藝復興會起始於義大利呢？是因為義大利比西歐其他國家更具有古典的傳統，他們認為自己是羅馬人的後裔，在義大利的一些城市中，還可以發現古羅馬的教育制度仍在市立學校中存在著。而義大利也比其他拉丁基督教國家擁有更多的世俗文學，他們大學的授課不是以神學為主，而是以研究法學和醫學為主，而且很少與教會組織有關係[5]。

貳、文藝復興的意義

　　Renaissance 一詞的意義就是復活重生。西元十四世紀的人們對古典希臘羅馬文學和語文突然興起了學習興趣[6]，但在封建時期學習古典希臘文和羅馬的文學和語文也不是什麼很稀奇的事，所

3　同註 2，頁 177。
4　同註 2，頁 177。
5　同註 1，頁 142。
6　同註 1，頁 140。

以嚴格來說並不是突然興起的興趣，像沙里斯堡的約翰（John of Salisbury）、但丁和歌利亞德（Goliard）等詩人，他們對希臘和拉丁文學的熱情不亞於西元十四世紀的任何人。而大體來說，文藝復興就是指一連串的復興運動集大成，最初的開始可以追溯到西元九世紀，其特徵是對於古代作家的尊敬和崇拜。像是西賽羅（Cicero）、維吉爾（Vergil）、辛尼加（Seneca）以及亞里斯多德（Aristotle）等人，他們所受到的崇拜和讚美是不會輸給在教堂及修道院中的基督教聖徒的[7]。

文藝復興的興起

壹、四大發明西傳的影響

　　歐洲在西元十二世紀時發生了十字軍東征，雖然十字軍東征的目的是為了收復耶路撒冷，前後發生了八次大規模戰爭，長達兩百年，但真正成功的只有第一次，其餘皆無功而返，雖然十字軍最後的結果是失敗的，但是卻帶來了東西方的文化交流，像是中國的重大發明（火藥、指南針、造紙術和印刷術）[8]就是因十字

7　柏恩斯（Edword McNall Burns）著，周恃天譯（1993）。西洋文化史。台北：黎明。頁 533-554。

8　王任光（2002）。文藝復興時代。台北：稻鄉。頁 540。

軍東征而西傳的，而這四項發明也對往後對歐洲各國的發展起了重大作用。

一、火藥

　　火藥的西傳，對於歐洲封建體制的瓦解有些關聯，因為歐洲封建制度，讓歐洲並沒有真正的國家概念，各個貴族在自己的領土上建立城堡，讓君主政體無法順利進行。而有了火藥，使城堡輕易的被摧毀，宣告了封建騎士時代的結束，君主中央集權體制的開始。

二、指南針

　　指南針的傳入，對於歐洲遠洋航海事業有很大的發展，讓大西洋沿岸的歐洲國家，勇於尋找出從海路前往印度的航路及後來新大陸的發現。地理的發現，獲取大量商機，而使義大利不再是唯一能夠與東方交易的樞紐地帶；加上義大利北方戰爭頻仍，使義大利的商業逐漸衰落，而無法支付文藝活動，因此文藝復興運動也在此往歐洲北方地區發展。

三、造紙術

　　中世紀歐洲各國的書籍長期是抄錄在羊皮紙上的，難以流傳，十字軍東征後傳進的造紙術，改善了傳統羊皮紙難以保存的缺點，而且在價錢方面更是比羊皮紙來得便宜許多。使得傳統書籍能夠長久保存，延續文化的發展，也是促成了文藝復興在後期

能夠北傳的重大因素。

四、印刷術

在西元十五世紀初，德國古登堡首見活字印刷術的發明，在西元一四四〇年古登堡對於印刷機可以在紙張兩面印字技術的改革，將印刷技術從手工階段帶入到機械階段。這項技術相當有利於書籍的出版和文化傳播，使文藝復興運動的發展從此更為加速。

貳、文化復興的傳播原因

義大利所發展的文藝復興，因為以下的幾點原因，而傳遍了整個歐洲。

一、黑死病

黑死病使得中世紀的歐洲失去三分之一的人口，而對人關心的人文主義隨之覺醒。

歐洲人文主義文學的第一部代表作《十日談》就是薄伽丘（Giovanni Boccaccio，西元一三一三至一三七五年）在黑死病最氾濫猖獗的時期寫成的，描述西元一三四八年發生在義大利的可怕瘟疫。然而也是在此時，歐洲竟迎來了文藝復興的曙光[9]。

9　國立編譯館（1997）。世界文化史。台北：國立編譯館。頁 183。

二、經濟的改變 [10]

文藝復興前，歐洲經濟的主要型態為莊園制度，其為一種自給自足的經濟制度，但是經過了十字軍東征及黑死病的侵襲，導致歐洲人口消失了一半，也因此帶來經濟制度的改變，因為人口的大規模減少，使得糧食需求大為減少，導致物價下跌，使得莊園制度漸漸的瓦解，從而改變為以工商業的發展為主的經濟型態。

三、人文主義 [11]

文藝復興時期最大的影響，就是人們的著眼點開始從神轉移到人身上，代表著人文主義的興起。他們覺得人活著要注重今天、重視今世，不要太重視來世。此一想法帶來了文藝復興時期人們新生命的展開，也就是文藝復興最初的興起。他們在藝術上開始大膽展現色彩，不再局限宗教的題材。所有思想，都是以人為中心的思想；強調人的自由性與自主性，對現實生活的重視，認識到人的自然性，重視人的尊嚴等。雖然歐洲各國的文化回顧過去，但是在人文主義這方面，則是表現了以往所缺乏的重大突破。

義大利文藝復興時期，義大利的藝術家、建築師多被招聘到西歐、北歐各國。而歐洲各國的學者、文人和青年學生前往義大

10　同註 9，頁 171-173。
11　劉增泉（2007）。西洋文化史。台北：五南。頁 194-195。

利訪問、留學，蔚然成風。在各國經濟發展和資本主義萌芽的基
礎上，歐洲各國資產階級的新文化運動也接踵興起。雖然造紙
術、印刷術的傳入，對文藝復興的文化傳播有一定影響，但是西
歐、北歐各地區與希臘或者羅馬有其距離，雖然書本能夠讓北歐
人瞭解希臘、羅馬部分人文思想及建築，但無法讓北歐人能夠真
正體會。且當地的文化及思想與義大利不同，他們雖熱衷於研究
希臘、羅馬古典文學，但是跟義大利的研究有其極大差異。北歐
並沒有完全的受到義大利藝術影響，而是依照自己的社會文化形
成了一種新的藝術風格「哥德式風格」，忠於生活、自然的觀察
和描寫，偏向瑣碎、細膩的寫實風格，與同時期的義大利作品有
所不同。這是由於北方的自然地理條件較差，人們在克服現實逆
境的同時，得以仔細而深入地觀察自然環境，進而反映在藝術作
品中 [12]。

---

12 同註 8，頁 615-616。

文藝復興的先驅人物與藝術 13

壹、先驅人物

一、但丁（Dante Alighieri，西元一二六五至一三二一年）

　　恩格斯在西元一八九三年〈共產黨宣言〉的序言中說：但丁是中世紀最後一位詩人，同時又為新時代的最初一位詩人。但丁代表作品為《神曲》，共分為一百篇，有天堂、煉獄、地獄三大部分。地獄為罪惡深重的人的居所，分有九層；煉獄是罪惡較輕，可以淨化靈魂往天堂邁進，分有七層，主要以七情六慾為主（食、色、財、惰、妒、懼、怒）；天堂為幸福的住所，分為九層。第九層為上帝的所在，是人類的最高境界。但丁在此書中對於人物描寫栩栩如生，對景色也有十足的想像力。運用了有關文學、哲學、政治、地理、天文等各方面之知識加以詮釋，奠定了義大利文藝復興詩歌之基礎。

---

13 柯爾（Cole, P. R.）著，于熙儉譯（1975）。西洋教育思潮發達史。
　　台北：台灣商務。頁 329。

二、佩脫拉克 [14]（Francesco Petrarca，西元一三〇四至一三七四年）

為文藝復興第一位人文主義學者，故有歐洲人文主義之父的美稱。最著名代表作為《歌集》，共有三百六十六首詩，以十四行體抒情詩為主，主要內容為歌頌對女友羅拉（Laura）的愛情，充分描寫出自己的感情與想法，感染力十足，展現人文精神。提出：我自己是凡人，我只要求凡人的幸福，故要先瞭解凡間的事情。此與中世紀聖多瑪斯認為，要先瞭解上帝才能得到幸福為鮮明的反比，故使文藝復興更往前跨了一大步。

三、薄伽丘 [15]（Giovanni Boccaccio，西元一三一三至一三七五年）

為佩脫拉克之學生。一生著作相當多，如：《菲洛柯洛》、《十日談》、《愛的摧殘》、《大鴉》（西元一三五五年）等。其中最著名代表作乃《十日談》，主要內容為因黑死病這場瘟疫，具有人文思想的七名女子和三名男子逃到郊外去，有人提議每人每天講一則故事，故事來源十分多元，如：歷史、民間傳說等，十天內共講了一百則故事，這就是十日談由來。其故事的主要內涵大都為反封建、反中世紀思想之人文主義思想。在講故事

---

14 陳奎熹、溫明麗（1998）。人文的孕育與教育。台北：師大書苑。頁 104-105。

15 同註 13，頁 324。

的過程中，薄伽丘提出女生講故事並不會比男生差，故成為宣揚男女平等的新人文道德之引航者。但丁的《神曲》奠定了義大利詩歌的基礎；薄伽丘則奠定了義大利散文的基礎。

上述三者被後世尊稱為文學之義大利人文三傑。

四、索洛拉斯 [16]（Manuel Chrysoloras，西元一三五五至一四一五年）

為拜占庭的貴族，是研究古典文學的先驅。西元一三九六年受佛羅倫斯大學的校長薩盧塔蒂的邀約，教授希臘文法與文學。其重要著作有二，一為將柏拉圖《理想國》譯為拉丁文；其次為《希臘文法問答》*Erotemata Civas Questiones*。自西元一四八四年出版後，廣為翻印。索洛拉斯的學生中，有些不乏成為文藝復興運動的領袖人物。

五、維羅納的瓜里諾 [17]（Guarino da Verona，西元一三七〇至一四六〇年）

為索洛拉斯之門徒，早期文藝復興的人文主義者。西元一四〇八年，赴君士坦丁堡求學，返回義大利時帶了五十卷希臘原

---

16 Manuelis Chrysolarae epistolae: (Graece et Latine; ed. J.-P. Migne), Paris 1866.

Émile Legrand: Notice biographique sur Manuel Chrysoloras, Paris 1894.

17 http://zh.wikipedia.org/wiki/%E7%BB%B4%E7%BD%97%E7%BA%B3%E7%9A%84%E7%93%9C%E9%87%8C%E8%AF%BA

始文獻，並且用拉丁文譯了大部分。西元一四一二年，被選為佛羅倫斯大學希臘學的教授，繼承其師之席位。一生中，翻譯了許多書籍，對文藝復興運動，對古典文學研究的熱潮，都是一大助力。

貳、藝術

藝術之義大利藝術三傑，分別為李奧納多·達文西（Leonardo da Vinci，西元一四五二至一五一九年）；米開朗基羅（Michelangelo Buonarroti，西元一四七五至一五六四年）；拉斐爾（Raffaello Sanzio，西元一四八三至一五二○年）。

一、達文西

有研究學者尊稱為文藝復興時代最完美之代表人物。最著名代表作品「最後的晚餐」和「蒙娜麗莎的微笑」。最後的晚餐為耶穌知道自己即將死

最後的晚餐像[18]

亡，突然和十二位門徒宣布說，我知道你們其中有一個人出賣了我。這幅畫中充分表現出突發之中人物的表情、姿態皆栩栩如生。這幅作品也成為文藝復興達全盛時期之標誌。

18 http://www.cultofdanbrown.com/photopost/showphoto.php? photo=75

「蒙娜麗莎的微笑」為肖像之創
舉，對當時而言，肖像通常只到臉部，
而達文西把畫面延伸到腰部，且把人物
之內外在充分描畫出來，使之充滿著一
股內在的力量。此創舉在當時義大利引
起了一股風潮。

蒙娜麗莎的微笑[19]

二、米開朗基羅

為一位著名的雕刻家。認為人的感
情與氣質為藝術唯一之題材，其著名代
表作相當多，如：「大衛像」、「聖母
悼子」、「最後的審判」等。

「大衛像」被稱之為保護祖國的民
族英雄，藉此可激勵人心，此像不但是
政治理想的象徵，也成了舉世聞名的裸
體雕像之一。但因顯著雕刻出男性之裸
體，故常常受到道德之爭議。

大衛像[20]

19　http://www.med.harvard.edu/JPNM/Didactics/MonaLisaHomework.html
20　http://www.zw7.net/dawei.jpg

　　「最後的審判」為一種創新的構圖
模式，以耶穌為中心，耶穌舉起右手的
人可以上天堂；左手則下地獄。但圖中
的裸體又引起了爭議，認為是對神明的
不尊敬。

最後的審判[21]

三、拉斐爾

　　主要為綜合上述兩位之觀點且發展出一套屬於自己的藝術風
格。

　　有畫聖之美稱。主要代表作品為梵諦岡教皇宮中的四組壁
畫：「聖禮的爭辯」（神學）、「雅典學院」（哲學）、「巴那
斯山」（文學）、「法律」等，其中又以「雅典學院」為最優秀
之代表。

　　「雅典學院」中用拱門形成了人物活動的空間，且按照不同
的類別加以安排布置。壁畫中包含了各式各樣的學者、人物、藝
術家、哲學家等。此圖運用了具體的觀念引領進入抽象中。並且
也把自己畫了進去，有點類似心靈對談，乃為一創舉。

21　http://qtp.ks.edu.tw/~sub08/4/picture.html

人文主義及其教育影響

壹、人文主義之概念釋義

　　人文主義這一說詞，在西方流行為時三百年之久。此概念向上可追溯到古希臘時代。人文主義最早的來源是古希臘所標榜的派代亞（Paideia）[22]概念，直到羅馬時期將派代亞翻譯成休曼尼塔司（Humanitas）。即為今日人文主義一詞的淵源。

　　人文主義是一種哲學理論、一種世界觀。人文主義以人為本，尤其是個人的興趣、尊嚴及價值觀為出發點。人與人之間的忍讓、無暴力和思想自由等，是人與人之間相處最重要的原則[23]。

貳、人文主義對教育的影響

一、重視人格養成

　　在教育的本質上，重視人格養成。人文主義的教育即是重人

---

[22] 派代亞原意為對兒童的教養。可引申所有人所需具備的廣博教育素養。

[23] 王文俊（1983）。人文主義與教育。台北：五南。頁2。

格之養成，亦是使人能表現出人的價值。人文主義對教育的基本概念即為「使一個人更像一個人」。前者的「人」指的是生物的人；後者的「人」指的是文化的、道德的、社會的人。

二、教人成人 [24]

在教育的目的上，可分為教人及教書。而人文主義的教育強調「教人」比教書還重要；人格的陶冶比知識的傳授還要重要。馬斯洛（Maslow）認為「教育是使一個人發現他自身是何人以及發現做人的義務」（discovery of identity and discovery of vocation）。人文主義的教育還教導人應盡義務，並且在盡義務中完成人之為人。重視人應思考、感受、體驗、判斷，從中尋找人生的真理與價值。

三、強調情意教育

在教育方法上，人文主義強調「情意教育」，即所謂的感性訓練。「情意」指的是情緒、意志、感覺、感情、價值、態度、興趣等。情意教育也可以說是啟發學生的學習動機、自我概念、人際關係，使學生對自己、他人、學校，甚至這個社會都有正向的態度。

---

24 郭為藩（1984）。人文主義的教育信念。台北：五南。頁 19-21。

四、博雅教育[25]

　　由中世紀的七藝（文法、修辭、算數、幾何、天文、音樂、辯證學），向上延伸出文學、史地、哲學、政治、藝術等新學科，並且重視自然學科的學習與應用。此外，重視世俗道德教育，如：爭取自由、勇敢、積極進取、愛國、人道精神等。同時也重視體育學科，不但騎馬、射箭、游泳等一般學科外，更進行軍事訓練或健美活動，均衡各方面發展。主要希望能培養允文允武的企業家、政治家和軍事家。

五、反對體罰

　　主張多多獎勵孩童，並且要保存其自尊。義大利學者維特銳奴提倡：學生應該自治，如此一來學生才能自我鍛鍊且提升自己價值。法國著名人文學者兼教育家蒙田的教育理念，也認為最高的訓練乃為順應自然。

---

25 潘樹林（2002）。神人之間：激盪的文藝復興。成都：四川人民。
　　頁 206。

第五節
文藝復興的教育思想家

壹、佩脫拉克

一、生平事蹟

佩脫拉克出生在義大利的阿銳助（Arezzo）城 [26]。他是繼但丁之後，著名的人文主義學者和詩人，如果說但丁是結合過去，那佩脫拉克就是結合展示了未來的學者 [27]。在青年時期曾在蒙弟比樂爾城（montpellier），學習法律 [28]。法律是當時社會風氣所必須學習的科目，受到當時的影響，他也學習了法律，只是佩氏對法律是沒有興趣的，之後就改習自己有興趣的文學。

佩氏到處旅行，曾在法國北部、德國等地方，參訪世界各地的私人圖書館和義大利主教座堂，去蒐集西塞羅遺留在世間的手稿，同時也結交了不少的學者。佩氏這樣做是因為要重視古羅馬和希臘作者的知識，他是這個活動一個主要的發動者，這些手稿

---

26 徐宗林（2005）。西洋教育史。台北：五南。頁 259。
27 張世化（2003）。義大利文藝復興研究。上海：上海外語教育。頁 20。
28 同註 26，頁 259。

對後世有很大的貢獻[29]。他說：「每一個我所重新發現的古代著名作者，都是上一代的一個新的罪證，和一個不光彩行為的證明。」他對於這種行為感到很不齒，竊取別人的思想碩果，他認為應該要將古人的辛苦作品，留給後世去欣賞，所以積極投入此一工作[30]。西元一三四一年復活節，當時他是三十六歲，得到了桂冠詩人的頭銜。雖然是因為拉丁文著作才得獎，但是，實際上他的拉丁著作並沒有引起世人的注意。他是因為讚賞義大利文才得到聲望的[31]。

佩氏將十四行歌發揚光大，是分成八行一系列，六行一系列，每行都有個字的旋律設計，也可以稱作短歌，從義大利的方言民歌變成了情詩的主流之一，佩氏也可以說是國民情詩的創始者[32]。

佩脫拉克在西元一六三七年左右在帕度亞市（Padua）定居，他將他的餘生在宗教沉思中度過。在西元一三七四年七月十八日，佩脫拉克在尤佳寧山區（Euganean Hills）的 Arquá 離開塵世。

二、教育理論

佩氏的學術前所未有，在方法和態度上，和其他派的學者，有著截然不同的觀念。佩氏熟悉古代語文，瞭解古代學術思想，

---

29 段昌國（2005）。十五至十八世紀歐洲史。台北：國立空中大學。頁 54。

30 Bishop, Morris In J. H. Plump, New York，1961 年，頁 1-17。

31 丹尼斯‧哈伊著，李玉成譯（1988）。義大利文藝復興的歷史背景。北京：三聯。頁 85。

32 同註 29，頁 54。

並將此等學術思想引進至義大利，故有開風氣之先的作用 33。人文主義研究的主題是人，是潛在的力量和身體的美，是他的感官、情感以及痛苦，是豐富、完美的顯現這些題材的古希臘。佩氏希望重視藏書在寺院和教堂圖書館的這些作品，他提倡要注重這些作品，對後世是有絕對的幫助 34。佩氏的學術思想，嚴謹來說，尚未完全脫離基督教的意識型態，因此在他內心深處，《聖經》，依舊是關心人幸福的著作 35。

三、對教育文化之影響

佩氏留下了大量的作品，使現在的我們能夠瞭解到過去的作品，可以加以吸取。他用盡畢生之力在詩歌上，不遺餘力。他寫下許多的優美抒情詩，因此，也被公認是義大利文學基礎的奠定人之一 36。

佩氏在學術上的貢獻，後來就被人們尊稱為聯繫古代、中世紀與文藝復興時期的著名學者 37。他寫下了很多永垂不朽的詩歌留給後代，具有莫大的影響力，這些創作使他的名字，永遠載入世界文學史冊 38。

---

33 同註 26，頁 260。
34 威爾・杜蘭（Will Durant）著，幼獅翻譯中心譯（1988）。文藝復興總述。台北：幼獅。頁 110。
35 同註 26，頁 260。
36 同註 27，頁 22。
37 James Bowen (2003). *A History of Western Education. Vol.III, The Morden West: Europe and the New World.* London: Routledge.
38 同註 27，頁 22。

貳、維特瑞奴（Vittorino de Feltre，西元一三七八至一四四六年）

一、生平事蹟

　　維特瑞奴出生在義大利東北部的費托爾（Feltre），靠近威尼斯。他在十八歲時入巴多瓦（Padua）大學，聽佩脫拉克的學生喬瓦尼（Cola Nicola Giovenni）的講課並擔任巴齊札（Gasparino da Barzizza）的助手。由於與這兩位偉人交往，他獲得理解西賽羅精神的洞察力。這種洞察力最後使他成為那個時代的一位最優秀的拉丁文作家[39]。維特瑞奴在巴多瓦這個地方的學生及教師生涯長達二十幾年，到了西元一四一五年，維特瑞奴在威尼斯向伽利諾學習，五年後回巴多瓦在自己家中設教，門人弟子從者如雲，其設教宗旨為道德修養與文學技巧同等重要，可說是「文行並重」[40]。

　　西元一四二二年，孟都亞的公爵請維特瑞奴為他的孩子設立一間孟都亞宮廷學校[41]。維特瑞奴在該校任教二十多年，努力以人文主義的理想教育學生，除了公爵的子女外，在他教育下，還有其他貴族家庭的子弟。後來，他又增收了許多有前途的窮學

---

39 博伊德（William Boyd）、埃德蒙・金（Edmund J. King）著，五南編輯部譯（1989）。西洋教育史。台北：五南。頁 187。
40 格萊夫斯（F. P. Graves）著，吳康譯（1966）。中世教育史。台北：台灣商務。頁 184。
41 同註 40，頁 185。

生，直到全校達六、七十名之多為止，全體學生都住校，接受他
和他助手們的教誨[42]。

二、喜悅之校（School of Pleasure）

　　維特瑞奴意識到學校環境對學生發展的影響，因而注意校址
的選擇。孟都亞宮廷學校設在一座花園中，環境優美，校舍寬敞
明亮，學校的設備簡樸自然。這一切與原有的學校形成了鮮明的
對照。其次，維特瑞奴復興了在中世紀學校中消失了近千年的體
育和美育。在孟都亞宮廷學校中，騎馬、擊劍、角力、游泳、賽
跑、跳舞等都是重要的教育內容，並作為學生發展的基本組成部
分。此外，維特瑞奴復興了強調多方面教育，使學生身心和諧發
展的古典教育的理想。在孟都亞宮廷學校中，道德教育、宗教教
育、知識教育、體育和美育都得到了應有的重視。再則，運用自
然教學方法。在孟都亞宮廷學校，兒童的天性、個別差異、興趣
都得到了應有的重視，並且具體反映在教育過程中。學校實行學
生自治，採用遊戲的教學方法，教學內容的安排考慮到兒童的接
受能力，等等。由於上述特點，孟都亞宮廷學校被譽為「第一所
新式學校」，也被稱為「喜悅之家」，在義大利產生了廣泛的影
響。

　　維特瑞奴之所以成為文藝復興時期具有影響力的教育家，以
及喜悅之家能夠如此成功，很大程度上應歸功於維特瑞奴的人格

42　同註 39，頁 188。

特質。他很注重選擇教材和正確的教學方法，他所教授出來的學生，不但有各自的特殊才能，也得到了高度的發展 [43]。

參、伊拉斯莫斯（Desiderius Erasmus，西元一四六六至一五三六年）

一、生平事蹟

伊拉斯莫斯於西元一四六六年十月二十七日出生於荷蘭的鹿特丹。他學問豐富，通曉古典文學和《聖經》，聰明機智，筆鋒銳利，受到全歐洲文化和宗教界的讚頌，被譽為「學者中的學者」及「文藝復興時期的伏爾泰」。

伊拉斯莫斯的母親在他幼年時就過世了，因此他在大座堂學校接受教育，十二歲時就已精通古典文學。西元一四八六年被送入鹿特丹的修道院接受寺院式的教育，雖然他對於修道院的教育與生活方式反感，但也替他奠定了良好的教育基礎。最後離開修道院，於西元一四九五年進入巴黎大學繼續深造。為了生活費用，他在富裕家庭裡當教師，並且依靠朋友的幫助。

他的拉丁文在當世是無人可比的。他所寫的《對話集》（*Colloquies*），是以假想的方式表達有關倫理哲學的思想。

西元一四九九年，赴英國牛津大學授課。在牛津講學期間，

---

43 同註 40，頁 188。

結識了當時的政教要人，包括拉帝默（William Latimer）、莫爾
（Thomas More）和聖保羅大座堂的首牧柯力特（John Colet），
其中他和柯力特的來往頻繁，柯力特也是當時英國的人文學家，
因此伊拉斯莫斯在人文思想的發展上得到不少助益。之後他回到
歐洲大陸，以授課、著書和研究希臘學術思想為主要活動。

西元一五〇六至一五〇九年，獲得土倫大學神學博士。

西元一五〇九年，他又再度回到英國，住在莫爾家中，當時
他正在寫《愚者的禮讚》（*The Praise of Folly*）。

伊拉斯莫斯的《愚者的禮讚》，是當代最受歡迎的暢銷書，
在幾個月內，再版七次；在他有生之年，至少再版了二十七次。
該書是以諷刺的文體寫成，主要對於當時社會充斥的虛偽面貌、
迷信、不道德，給予有利的抨擊。

西元一五一一年，受邀到劍橋大學教授希臘文。而早在西元
一五〇四年的夏天，伊拉斯莫斯在比利時的修道院圖書館偶然看
到華拉的《新約註解》，附有經文評比。此後他自己蒐集不同版
本的抄本，並參考古教父的著作，最後完成希臘文版的《新
約》，由於他蒐集的資料齊全，也訂正了不少的錯誤，甚至比拉
丁通俗譯本還要正確，所以伊拉斯莫斯的希臘文版《新約》成為
宗教改革期間一般教士所使用的標準本[44]。

在序言中，伊拉斯莫斯特別強調讀經的重要：

> 我深願每一婦女，都能夠誦讀《福音書》和保羅的

---

44 同註 26，頁 264。

書信。我願《聖經》能翻譯成每種文字，以致不僅蘇格蘭人和愛爾蘭人，連土耳其和伊斯蘭教徒，也能讀了領悟……願服犁而耕的農夫能引用《聖經》，織布者在機杼中能吟誦經文，行旅能以《聖經》故事，消滅旅途的辛勞。

西元一五二四年九月，伊拉斯莫斯出版了《論自由意志》，主張人有自由意志，才有道德上的責任。

西元一五三六年七月十二日，伊拉斯莫斯逝世，享年七十歲。

二、教育理論

(一)《教育目的及教育方法》中的論點

伊拉斯莫斯所著述的教育書籍《教育目的及教育方法》（*Concerning the Aim and Method of Education*）中對於兒童教育有以下個人之重要論點：

1. 兒童對於語言之學習只有記憶一途，在記憶語言的過程中，不單單獲得了使用語言溝通的能力，並能以此能力作為學習其他事物的工具。他認為語言是所有學科最重要、也最首要的科目。

2. 強調兒童在道德和文字的訓練，兒童無知而渴望求知，記憶力旺盛、求知慾強，因此讀書可以消磨他們的時間，並

藉此學習到許多全新的事物，成年後所需知的知識，便可
從童年的訓練中提取。

3. 伊氏認為讀書是一件快樂的事，只要有教學能力的老師來
教導學生，能夠使學生吸收，則讀書對於兒童來說，絕對
不會造成負擔[45]。

4. 兒童之教育須兼顧三個層次[46]：

　(1)本性（nature）：為兒童之天賦，又可謂教育實行中可利
　　用之資源。

　(2)訓練（training）：為兒童應具備之技巧，學之而後用
　　之。

　(3)實習（practice）：經由實習過程，強化天賦能力之訓練
　　活動。

5. 主張兒童應及早受教育，配合遊戲、說故事的方式來進行
教學，加強教學效能。面對兒童學習力較緩慢之情況，也
不可施予體罰。

(二) 其他教育觀點

1. 鼓吹古代傳統博雅教育，他希望教育能培養出可以獨立思
考的知識人。不過他所認為的博雅教育僅止於上層社會的
子弟，並未普及於全體人民。

2. 人文教育的內涵以傳統的博雅學科為止，又另新增古典語文、

---

45 林玉体（1999）。西洋教育史。台北：師大書苑。頁 190。
46 同註 26，頁 165。

自然、軍事、農學、天文、地理、歷史、文法等新學科。

3. 主張人性本為善，教育的作用能夠適性的配合人性成長、轉變，而不會抑制人性的發展。

4. 語言中文法之學習，不是經由背誦其規則而形成，而是經過不斷的閱讀，以及交談的過程中所產生的結果，善於說話的人並非背誦了許多內容，而是表達能力較為突出[47]。

5. 他認為受教育不是一件個人的事，受教育的同時也是為了全體社會進步而施行。受教育不單單是為個人發展，同時也是為了國家以及神明而做的努力。

　　伊拉斯莫斯對後世教育發展具有相當大的影響力。他是文藝復興開創之先驅，開啟宗教信仰的改革。在西元十六世紀初書籍缺乏的年代裡，主張記憶是學習的重點所在[48]。著述教育書籍《教育目的及教育方法》，成為後世研究參考之重要典籍，並為經典文學作翻譯與編輯，為人類教育文化提供極大貢獻[49]。

---

47 同註 26，頁 266。
48 同註 45，頁 191。
49 劉伯驥（1983）。西洋教育史。台北：台灣中華。頁 175。

參考書目

一、中文部分

1. 丹尼斯・哈伊著，李玉成譯（1988）。義大利文藝復興的歷史背景。北京：三聯。

2. 尤義賓（2006）。世界通史。台北：漢宇。

3. 王文俊（1983）。人文主義與教育。台北：五南。

4. 王任光（1993）。文藝復興時代的人文運動。台北：台灣商務。

5. 王任光（2002）。文藝復興時代。台北：稻鄉。

6. 王德昭（2004）。西洋通史。台北：五南。

7. 史可法（2001）。西洋通史總整理。台北：千華。

8. 布魯巴克（J. S. Brubacher）著，林玉体譯（1980）。西洋教育史。台北：教育文物。

9. 伍振鷟（1988）。教育哲學。台北：師大書苑。

10. 佛固生（Ferguson, W. K.）著，涂永清譯（2003）。文藝復興史。台北：水牛。

11. 克伯萊（Cubberley, E. P.）著，楊亮功譯（1980）。西洋教育史。台北：協志工業。

12. 呂理州（2004）。學校沒有教的西洋史。台北：時報。

13. 李卡德（Rickard, J. A.）、海馬（Hyma, A.）著，石衍長譯（1965）。西洋通史。台北：淡江。

14. 林玉体（1999）。西洋教育史。台北：師大書苑。

15. 威爾·杜蘭（Will Durant）著，幼獅翻譯中心譯（1988）。文藝復興總述。台北：幼獅。

16. 柯爾（Cole, P. R.）著，于熙儉譯（1975）。西洋教育思潮發達史。台北：台灣商務。

17. 柏恩斯（Edword McNall Burns）著，周恃天譯（1993）。西洋文化史。台北：黎明。

18. 段昌國（2005）。十五至十八世紀歐洲史。台北：國立空中大學。

19. 徐宗林（2005）。西洋教育史。台北：五南。

20. 格萊夫斯（F. P. Graves）著，吳康譯（1996）。中世教育史。台北：台灣商務。

21. 國立編譯館（1997）。世界文化史。台北：國立編譯館。

22. 張世化（2003）。義大利文藝復興研究。上海：上海外語教育。

23. 張欽盛（1986）。歐洲教育發達史。台北：金鼎。

24. 清水純一著，劉秋岳譯（1978）。文藝復興的偉大與頹廢：布魯諾的生涯與思想。台北：東府。

25. 郭為藩（1984）。人文主義的教育信念。台北：五南。

26. 陳奎憙、溫明麗（1998）。人文的孕育與教育。台北：師大書苑。

27. 陳照雄（1983）。人文主義教育思想。高雄：復文。

28. 博伊德（William Boyd）、埃德蒙·金（Edmund J. King）著，五南編輯部譯（1989）。西洋教育史。台北：五南。

29. 馮作民（1975）。西洋全史。台北：燕京。

30. 赫伊爾（Hale, J. R.）、時代生活叢書編輯（1979）。文藝復興：人

類的偉大時代。紐約：時代。

31. 劉伯驥（1983）。西洋教育史。台北：台灣中華。

32. 劉增泉（2007）。西洋文化史。台北：五南。

33. 潘樹林（2002）。神人之間：激盪的文藝復興。成都：四川人民。

34. 黎東方（1985）。西洋通史序論。台北：文化大學。

35. 諾曼‧戴維斯（Davies, Norman）著，郭方等譯（2007）。歐洲史。
    北京：世界知識。

36. 羅漁（1980）。西洋中古史。台北：文化大學。

二、英文部分

1. Adams, G. B. (1967). *Civilization during the Middle Ages: Especially in Relation to Modern Civilization*. New Youk: Barnes & Noble.

2. James Bowen (2003). *A History of Western Education. Vol. III, The Morden West: Europe and the New World*. London: Routledge.

3. Wallbank, T. W. (1964). *Living World History History*. Chicago: Scott.

4. Aschma: On Queen Elizabeth's Learning.

5. Benvenuto: Boccaccio's Visit to the Library at Monte Casino.

6. Colet: Introduction to Lily's Latin Grammar.

7. Émile Legrand: Notice biographique sur Manuel Chrysoloras, Paris 1984.

8. Eton: Course of Studying in 1560.

9. John Percival: Foundation Bequest for a Chantry Grammar School 1894.

10. Manuelis Chrysolarae epistolae : (Graece et Latine ; ed. J.-P. Migne), Paris 1866.

11. Martindale: Course of Studying in an English a Country Grammar School.

12. MS: Reproducing Books before the Days of Printing.

13. Sandwich: A City Grammar School Foundation.

14. Symonds Italian Society for studying the Classics.

15. Vespasiano: Found of the Medicean Library in Florence.

16. William Seven oaks: Foundation Bequest for a Seven oaks Grammar School.

參考網址

1. http://zh.wikipedia.org/wiki/%E7%BB%B4%E7%BD%97%E7%BA%B3%E7%9A%84%E7%93%9C%E9%87%8C%E8%AF%BA

2. http://www.cultofdanbrown.com/photopost/showphoto.php? photo=75

3. http://www.zw7.net/findex.htm

4. http://qtp.ks.edu.tw/~sub08/4/picture.html

5. http://www.cultofdanbrown.com/photopost/showphoto.php? photo=75

6. http://www.med.harvard.edu/JPNM/Didactics/MonaLisaHomework.html

7. http://www.zw7.net/dawei.jpg

8. http://qtp.ks.edu.tw/~sub08/4/picture.html

第6章

宗教改革與教育

宗教改革的歷史背景

　　宗教改革與文藝復興的時間差不多，但是兩者的影響程度和區域各有所不同。但因為當時的世代還是以宗教信仰為中心，所以整體看來，宗教改革的影響也較大，從西元十六世紀起至十七世紀初稱為宗教改革時期。

　　而何以會發生宗教改革，其原因雖然不能忽視當時的整個文化、政治、經濟……等方面的問題，但其最主要因素卻還是宗教。

　　在介紹宗教改革的爆發起因之前，先來瞭解一下羅馬教廷的一些組織與職權，以及羅馬教廷所經歷幾次事件後的地位變化。

壹、羅馬教廷的職稱以及職權（分二部分）

一、入世教士（secular clergy）是服務世界的人

教皇→	樞機主教→	大主教→	主教→	教士→	副主祭
又稱教宗（the sovereign）是由樞機主教團選出，為終身職	（cardinal）原是在羅馬負責各教會業務者，由教皇所任命，而由各國教士擔任	（archbishop or metropolitans）是管理一個省區（province）之教會業務	（bishop）所管轄之區域稱為主教區（diocese）範圍較省區小，例如一城市及其周圍地帶，是主教所管理區域之大略範圍	（priest）所管轄之區域稱為堂區（parish）其範圍大致是一個村落或是一個城鎮的某一區塊	另又有一位執事（deacon），為教士之助手
	有一些樞機主教（義大利籍者居多）會和其他教會的行政人員以及書記、法規專家等。組織一個樞密院，用以協助教皇				

二、出世教士（regular clergy or regular）或稱戒律教士

方丈→	修士
（abbot or general）統領修士	畢生須遵奉貞潔（chastity）、守窮（poverty）以及服從（obedience）
遵守特殊的戒律通常只受教廷管轄	

貳、羅馬教廷的地位變化[1]

　　在西元十四、十五世紀間，漸漸的由所謂小區域的領土國家轉變為民族國家。所以教會在擴張教權時，事實上有了更大的阻力，使得羅馬教會的統一與團結蒙上了陰影。最明顯的一例是巴比倫幽居（the Babylonia Captivity，西元一三〇九至一三七八年）。起因是由於當時的英法兩國對教廷應否向政府納稅一事與教皇有所爭議。西元一二九六年英法兩國交戰，英法雙方皆下令國內教士貼補國家之財政，而教皇卻諭令禁止任何國家境內的教士在未經許可下向政府納稅。英法兩國對教皇此舉各有因應對策。舉如：英國對拒絕納稅之教士不予以法律保護，法國則採禁止財務流出國境之策略。所以教皇在英法君主的堅決反對及不受教士支持下撤除諭令。西元一三〇一年時法國之巴米埃主教（Bernard Saisset, Bishop of Pamires）被法王判了叛國罪卻又引發了另

1　王曾才（2002）。西洋近代史，台北：正中。頁41-49。

一場司法之爭。西元一三○二年法王召開三級會議，得到了教士、貴族、平民的支持。但教皇卻執意堅持：教皇權威在一般的君主之上，並強調所有人的得救與否，全由教皇來裁決，並對法王發出通牒用破門罪威脅。法王卻決定去義大利逮捕教皇來法國應訊。雖然之後教皇被救出，但整個羅馬教廷卻受到很大的污辱。西元一三○五年，法國波爾多大主教（Archbishop of Bordeaux）在鮑尼法斯八世去世後被選為教宗，稱為克力門五世（Clement V），當時的法王竟將教廷遷往法國的亞威農（Avignon），教宗成為法王的俘擄，這段時期稱為「巴比倫之囚」（Babyeonian Captivity，西元一三○九至一三七八年），使得教宗喪失了原有的歐洲領導地位，雖然歐洲各國群起反對法國的獨斷獨行，但仍有近七十年的時間，教宗形同法王的附庸。一直到西元一三七七年，教宗格列哥里十一世（Gregory XI）排除萬難，終於重回羅馬，但法王屬下的樞機主教卻另選一位新教宗，與羅馬教廷相對立，彼此爭奪所謂的正統，也形成教會的「大分裂」（The Great Schism，西元一三七八至一四一七年）。雖然最後終於在神聖羅馬帝國皇帝的調解下，另外選舉新教宗，在西元一四一七年重新統一教會，但是，教宗始終無法恢復以前的威望與權力。

宗教改革的起因

宗教改革的起因絕對不是單一一個原因形成的，而是有各個

方面不同的因素。最主要約可歸納為以下五點[2]。

壹、羅馬教廷及一般教會中的問題

一、教會自巴比倫幽居及大分裂後，教廷的威勢趨弱。

二、教會出賣聖職（simony）：聖職可以用錢捐獻而得，樞機主教亦可比照辦理[3]。

三、教會人員任用親信（nepotism）：教皇李奧十世（Leo X，西元一五一三至一五二一年）將教會中的職位派任其姪子擔任[4]。

四、教會人員之特准破戒（dispensation）：一般是指婚姻與齋戒期，也如同聖職般，給予一定之金錢後即可得到特准[5]。

五、教士之素質低落，必須藉由改革才會好轉。

六、出賣贖罪券（Indulgence）。最受一般人指責的也是大家最熟悉的莫過於此。也就是出賣大赦（又稱贖罪券）是教士用以搜括民財的「利器」，也因此使得百姓信心喪失殆盡。從贖罪券的兜售者帖次勒（Johannes Tetzel）的名言，可以呈現出事態的嚴重。「銀錢叮噹落銀庫，靈魂立即出煉獄。」[6]

2　同註 1，頁 52。

3　同註 1，頁 52。

4　同註 1，頁 52。

5　同註 1，頁 52。

6　http://culture.edu.tw/history/smenu_photomenu.php? smenuid=190&sub-jectid=401

貳、政治方面的問題[7]

到西元十六世紀時,民族意識已經漸漸興起,各國君主從之前的領土國家到漸漸希望成為國土完整的民族國家。而羅馬教會的組織不只是一個宗教團體而已,由上述的職稱職權表可知,教會中也有君王(即教皇)、有法規(即教會法典)、議會(主教會議)以及其法庭,而所有教皇至副主祭、修士,皆不受世俗政府之管轄。故政治衝突日甚。

參、社會、經濟方面的問題[8]

在宗教改革的這段期間內,事實上神聖羅馬帝國僅空有統一名號。而西班牙則是當時最強國家,國王查理一世在登基兩年後於西元一五一九年被選為神聖羅馬帝國皇帝。他擁護羅馬天主教,並且竭力壓制馬丁路德及新教。但因為他和法國有爭戰,所以沒有把全力放在消滅新教上。且當時的英、德兩國境內均有動亂,所以更難以全面的制止當時的宗教改革運動,故而形成了有利宗教改革的大環境。其中尤其德國因收重稅,加諸於人民很大

7　同註 1,頁 54-55。

8　http://zh.wikipedia.org/wiki/ % E5% AE % 97% E6% 95% 99% E6% 94% B9%E9%9D%A9%E8%88%87%E5%8F%8D%E5%B0%8D%E6%95% 99

的經濟負擔，造成了許多農民甚至棄田逃亡。一旦有人提出改革主張，立刻就受到熱烈支持。因此當出身德國埃斯勒本城（Eisil-eben）的馬丁路德，為了改革教會弊病而登高一呼時，自然風起雲湧，排山倒海，其勢不可遏止。在他背後的是一股不可忽視的助力，向前不斷推進！

肆、文化與思想的問題 [9]

由於文藝復興運動使得歐洲的思想與社會方面有了許多的改變。理性崛起，心智趨向自由。且希望回歸於根本，即《聖經》的原始主張。

伍、印刷術之發達 [10]

在西元十四世紀時，紙張已經開始大量生產，為印刷業提供了充足的原料。西元一四五六年，古騰堡（Johannes Gutenberg，西元一四○○至一四六八年）他利用了活字印刷的技術印製了第一本《聖經》（非以前的手抄本）——《古騰堡聖經》（Guten-berg Bible），全書多達一二八二頁。不久之後，活字印刷這項技術流傳至全歐洲，使得書籍能以印刷的方式大量生產，不需再以人工抄書，而能以低廉的價格賣予讀者。因《聖經》透過大量的

9　同註 1，頁 55-56。

10　http://culture.edu.tw/history/smenu_photomenu.php? smenuid=191&sub-jectid=402

印刷，人們可以自行去贖罪閱讀，並進而自己領悟其中的教義，不一定非要依靠教士們的解說和詮釋。是以思想的傳播更為快速。

宗教改革下之教育（上）—新教

壹、教育活動 [11]

新教認為人人可以直接與上帝溝通，不用透過教士、教會作為中介，並且可透過《聖經》去瞭解上帝的旨意。瞭解《聖經》的前提必然要有基本的教育作為基礎，因此，新教在教育方面，提出了幾點主張：

一、主張普及教育

馬丁路德認為，父母應給予孩子良好的家庭教育，並且在適當年齡送往學校接受教育，不管貧富或是男女，都應該接受教育。他也希望新教徒以《聖經》為一切準則，故要人人先會讀得懂《聖經》的涵義，才能發展出屬於自己的見解。這種普及教育的理念，對於歐洲平民教育制度的發展，具有啟蒙的作用。普及

11　張欽盛（1986）。歐洲教育發達史。台北：金鼎。頁數 64-66。

教育於西元一五五九年日耳曼的威登堡大學首先設立法規,西元一五八○年日耳曼的薩克遜、西元一六四二年的薩克士,皆有相關教育法律條文被提出。

二、重視方言文學

中世紀時期,僅以對拉丁文的熟練程度,作為評斷一個人是否有完整的教育。但是,到了中世紀後期,各地方言文學漸趨成熟,方言文學作品也相繼問世了。新教便主張:

(一)提倡設立方言學校,以作為教育國民的一般途徑。

(二)將《聖經》翻譯為方言,以便各地信徒瞭解經義之內涵,可以直接與上帝溝通。例如:馬丁路德,用德文翻譯新約。各國的國語文學校逐漸形成,奠定了其後各國教育制度的基礎。

三、提倡國家辦教育

馬丁路德曾於西元一五二四年著〈為基督教學校致日耳曼各市郡長書〉(Letters to the Mayors and Aldermen of All the Cities of Germany in Behalf of Christian Schools)。各國因路德而認為:教育是不可以停滯與推卸責任的,國家應該致力於教育工作。也因路德學說而使得教育大眾化與普及化。另一教派,喀爾文則認為:教育乃宗教、社經改革的重大動力之一。

新教認為國家如果能將整個教育體制建立完善,國家便可達到領導的最高境界——「無為而無不為」,不用刻意去做什麼,

因為不會受到任何因素影響而扭曲改變。那麼國家將帶領人民走向安康與幸福的境界。

貳、新教之教育派別

一、路德教派

(一) 創始人：馬丁路德。

(二) 特色

    1. 因信稱義。

    2. 以《聖經》為唯一準則。

    3. 人人可以直接與上帝溝通。

    4. 反對贖罪券。

(三) 教育目的

    1. 透過教育可以培養青少年有虔誠的信仰，且可使人發展完全。

    2. 透過教育培養良善的公民，對一個國家是有極大的幫助的。

(四) 教育功能

1. 人人以《聖經》為準則；人人可以直接與上帝溝通，故透
   過教育可使每個人可以瞭解《聖經》涵義，使人有虔誠的
   信仰與良善的生活。

2. 公民如果無知則整體社會不會有所進步，故教育可使一個
   國家強盛。

(五) 教育制度 [12]

學校階段	使用語文	施教對象
初級學校（小學）	國語教學	一般公民
拉丁學校（中學）	拉丁文	培養教士
大學	拉丁文、希臘文	培養國家和教會所需的高等人才

二、喀爾文教派

(一) 創始人：喀爾文。

(二) 特色

1. 因信稱義。

2. 《聖經》是唯一可以和上帝溝通的途徑。

---

12 王連生（1990）。新西洋教育史。台北：南宏。頁221。

3. 上帝預選說（predestination）。

4. 反對路德的聖餐論，重視上帝的真實存在。

(三) 教育目的

1. 建立一種人文的、宗教的與普及的教育。

2. 培養在宗教或國家的中堅分子與高等人才。

(四) 教育功能

1. 作為實現宗教信仰的手段之一。

2. 透過教育可以瞭解《聖經》，以作為獲致真理的一大途徑。

3. 作為一股可以促使個人向上提升與整個社會改變的力量。

(五) 教育制度

西元一五一四年創立中等教育結構如下 [13]：

層級	主要特色
初級學院 （College）	1. 分為七等，又以四等作為教學劃分點 2. 一到三等，課程主要為拉丁語與文法；教材主要以西賽羅、凱薩等作品為主 3. 四到七等，課程主要為希臘文、修辭學與論理學；教材則以西賽羅的演講詞與亞里斯多德為主
高級學院 （Academy）	每週都有二十七堂課。課程如下：神學三次、倫理學三次、物理學／數學三次、修辭／辯證法五次、詩人演講五次、希伯來文八次

---

13 同註 12，頁 222-224。

三、英國國教派（聖公會）

(一) 創始人：英國國王亨利八世。

(二) 特色 [14]

1. 其信仰與習慣維持舊教，改革以政治性質為主。
2. 《聖經》：是信仰的寶典；是上帝的話。
3. 傳統：教會的智慧與經驗從最早即為教會生活的準繩。具體表述於「公禱書」與禮儀之中。
4. 理性：是上帝給我們一個求平衡、探討真理的工具，使我們不敢走「極端」。

(三) 教育制度之影響

1. 小學
   (1)對象：普及教育招收四到八歲兒童。
   (2)課程內容：先教導基本的英文兩三年；再進一步深入英文閱讀、拼字、句子練習等等。
   (3)教材：《聖經》的節錄、教義問答的入門書與一些基本的字母、音節等。
2. 文法學校：對象為上層社會子弟，分公、私立之別。

---

14 http://www.episcopalchurch.org.tw/

(1)公立：只要符合學校要求、負擔得起學費即可。

(2)私立：散布各地。教師為最多變數。大都以未來進入大學而準備。

宗教改革下之教育（下）一舊教

壹、教育活動

受到新教的宗教改革的廣泛影響，迫使舊教不得不去面對事實，並且接受挑戰。舊教反對宗教改革，並且對教育投注了極大的心力，唯有如此，才能對抗揭示人文主義和宗教改革的新教。

一、教育目的：為對抗異教、鞏固地位、爭取更多支持與榮耀上帝。

二、教育範圍：義大利、法國、西班牙、葡萄牙甚至遠達東方的中國以及日本。

三、教育團體：耶穌會、兄弟會、波拉耶社。

貳、舊教之教育派別

一、耶穌會（Society of Jesus）

(一) 創始人：羅耀拉。

(二) 特色

1. 嚴格訓練，絕對服從。
2. 招收中等階級以上人民的子弟，其中也包含新教徒子弟。
3. 以《教學大全》這本書作為從事教育活動的最高指標。
4. 重視記憶訓練。
5. 訓育上有偵探制度（a system of spying）──即班長往上級通報之制度。
6. 教師經過嚴格且慎重挑選，而且必須接受訓練與定期接受測試。

(三) 教育目的

1. 透過教育可以培養教會及國家的人才。
2. 透過教育用於反對異教，增進教會福利。

(四) 教育功能

1. 透過教育機制挑選人才後，再加以訓練，使其成為領導人物。

2. 可以增加教皇權威，促使社會重新信奉舊教，以鞏固舊教地位。

(五) 教育制度 [15]

	初級部	高級部	神學院
修習年限	六年	三年	六年
課程內容	拉丁語為主，西元一八三二年後廣泛增設史地與體育	哲學為主（邏輯、形上、倫理、自然、代數等）	神學為主，前四年專研《聖經》，後兩年複習神學與哲學
習得學位	無	碩士	神學博士

(六) 貢獻與批評

1. 貢獻
   (1)重視教師挑選，使教師素質提高。
   (2)積極往外傳教。明清時期曾在中國設置觀象台、博物館等。

2. 批評

---

15 同註 12，頁 224-225。

(1)教學不重視個人自主性與創造性，以反覆記憶為主。

(2)教育不普及，只招收中等階級以上之子弟，與新教主張之普及教育，大異其趣。

(3)教育上偵探制度容易造成學生與學生之間的摩擦與誤會。

二、基督教兄弟會（Christian Brothers）[16]

(一) 創始人：拉薩爾（Jean Baptiste de la Salle，西元一六五一至一七一九年）。

(二) 特色

1. 只招收一般勞動階級男學生。

2. 免費國語文初等教學。

3. 實施同時教學法（simultaneous instruction），並做能力分級。

4. 設立初等師範學校，訓練師資。

5. 「沉默是金」為訓育信條。

(三) 教育目的

1. 以宗教為主旨，培養虔誠、溫和的教徒。

2. 使一般勞動階級的子弟也能受教育。

---

16 同註 12，頁 227-228。

(四) 教育功能

1. 經由受良好訓練的教員教育後，學習效果更為提升。
2. 透過教育使得學生對宗教更加虔誠，並且具備一些技藝能力。

(五) 教育制度

1. 分級：創立班級教學，將學生依能力分班（級）。分為三級，低等生、中等生、優等生。
2. 對語文方面：先學會本國語文後，才會授予拉丁文。
3. 對宗教方面：每日有半小時的教義問與答，老師在教學時，儘量以手勢傳遞訊息，如畫十字架。
4. 對數學方面：注重定理的背誦，死記重於邏輯推演。
5. 對訓育方面：施行體罰的規定相當多，唯較一般學校溫和。

(六) 貢獻與批評

1. 貢獻
   (1)創立初等師範學校。
   (2)班級經營之肇興。
2. 批評
   (1)忽視女子教育。
   (2)壓抑兒童本性。

三、波拉耶社／小學校（Little school of post Royal）

(一) 創始人：聖西蘭（St. Cyran）。

(二) 特色

　　1. 學校規模小。

　　2. 強調感官教學。

　　3. 注重理解與應用。

　　4. 注重兒童小學程度教育。

(三) 教育目的：培養高道德水準的信徒。

(四) 教育功能：在小孩行為未沾染惡習前施以教育，導引其
　　正確發展方向。

(五) 教育制度

　　1. 對象：大約九歲或十歲兒童。

　　2. 教師：通常一名教師只負責五到六名學生，採小班教學法。

　　3. 教法：認為邏輯推理重於記憶背誦，並且運用實物教學法。

　　4. 教材：先熟練本國語以後，再學習拉丁語。程度較高學生
　　則可嘗試翻譯拉丁文與名著。

(六) 貢獻與批評

1. 貢獻：對教學方法有了獨特且創新的想法。
2. 批評：因受到耶穌會的反對而遭到封閉，其後只能用書信函授。

第五節
宗教改革下的教育思想家

壹、馬丁路德（Luther, Martin，西元一四八三至一五四六年）

一、生平事蹟

馬丁路德生於德國的埃斯勒本（Eisleben），於西元一四八三年十一月十一日（當年的馬丁節），他受洗禮，並以當日的聖人（聖馬丁）命名。父親本來是農民，但因家中所有的農地不能平均的分配給每一個孩子，所以馬丁路德父親漢斯‧路德（Hans Luder，西元一四五九至一五三○年）只好去開發新的天地，當銅礦工人。慢慢地，終有所成，成為一個富裕的礦業工業家。路德於西元一五○二年從爾佛特（Erhurt）大學畢業，後因父親積極培育路德，繼續攻讀法律。但是，西元一五○五年他在行經史托頓

軒（Stotternheim）時，險些被閃電擊中，他在危急之餘，向父親礦工們的守護聖人安妮（St. Anne）發願，只要大難不死，就願意成為一名修士[17]。同年，因瘟疫使得同學們的死亡，更激勵路德心中那股對拯救世人的熱切想法。故路德不顧一切到修道院當教士。但在父親強烈反對下，只好到嚴謹的聖奧古斯丁修道院學習。路德在修道院並不順利，而是一直在苦修和贖罪中掙扎，他最主要的疑問是：「我如何才能獲得上帝的憐憫？」修道院院長施道比次（Johann von Staupitz），在此時給了路德許多心靈層面上的慰藉與開導，並且建議他攻讀神學。

西元一五〇八年在修道院院長的推薦下前往維滕貝格（今德國）。在這他結識了英國哲學家威廉·奧克姆（William of Occam，西元一二八五至一三四七年）的神學理論。奧克姆強調神的自由性與人的自主性。他在此地學會了希伯來文與古希臘文，除了教導道德哲學外，也教導《聖經》，成為一位《聖經》教授。

西元一五一〇年路德被推派前往羅馬教廷抗議，此時路德對教廷的儀式還是十分認同的。但是他對教廷的敷衍與道德崩壞非常的不能苟同。

西元一五一一年其恩師將路德叫回到威登堡（Wittenberg）大學任教，並且使路德成為他的繼承人。

西元一五一七年在上帝的帶領下，為著贖罪券的爭論，在宗

---

17 梅列日科夫斯基著，楊德友譯（1999）。宗教精神。上海：學林。頁 62。

教歷史上做了一件驚動宗教界的大事——宗教改革。西元一五一七年十月三十日發表了用拉丁文寫成的《九十五條論綱》貼在大教堂門口。雖經教皇強烈反對，但路德不氣餒，於西元一五二〇年開始，展開了更強烈的手段，發表了三本書，一為《告德意志貴族書》（*Address to the Christian Nobility of the German Nation*）；二為《論巴比倫幽居》（*On the Babylonian Captivity of the Church*）；三為《論基督徒的自由》（*The Freedom of the Christian Man A Treatise on Christian Liberty*）。內容主要都是對教皇之批評，與捍衛基督教徒的權利。

路德於西元一五四六年二月十八日逝世，一生為宗教改革奉獻極大，且對教育也提出相當多觀點，被稱為德國基督教新教路德教派之創始者。

二、神學思想

路德不但是宗教改革的先驅，更是一個偉大的神學思想家。他對基督教真理的理解，直到現今，對信徒仍有極大的幫助。路德將神學分為兩類，第一類為榮耀神學，第二類為十字架神學。榮耀神學以人的理性為基礎，去印證出上帝的存在並且因而推論出上帝的性質。但路德認為：並非人人可以達到榮耀神學的境界，畢竟有些上帝的旨意是人的理性所無法理解的。但是如果我們透過十字架去瞭解上帝，那麼我們便會懂上帝的作為。唯有受過苦難的人才會懂得苦難的痛苦與意義，主耶穌自己受苦，卑微化，並非高高在上，這點更親民。十字架可以讓人們看到自己的

罪惡與可怕。這是一種內心仰賴而並非張揚自己的優點，讓教徒有信心的歷程，背後的力量才是最大的支持。這也是所謂的十字架主要內涵——因信稱義。把個別特色用表格示之[18]：

十字架神學	榮耀神學
1.看重啟示輕視思辨	1.想要直接認識上帝
2.啟示在於十字架受苦	2.榮耀之處得見上帝
3.全然信靠領受啟示	3.透過功德朝見上帝
4.受苦之處才有啟示	4.榮耀作為成敗典範

主要內涵歸納如下：

(一) 因信稱義

路德認為這是基督教最基本的教條，也是整個基督教義的精華所在。他在〈施馬加登信條〉提到：「此信條的任何一點都不能予以放棄或讓步，即使天使、世界萬物被毀滅，也是如此……我們所教導與實施的反教皇、反魔鬼和反塵世的一切活動端賴於此一信條，因此我們對它必須完全堅信不疑，否則就要失去一切，而教皇、魔鬼及我們所有的敵對勢力就將取勝。」[19]

(二) 人人可以和上帝直接的溝通

不用透過教皇、教會教士或贖罪券作為中介，只要誠心的信仰就可以了。虔誠的心，人人都可以自身得救，這是信徒的特權。

18 http://epaper.pctedu.org/old_ver/09.html
19 http://www.cgst.edu/Publication/Bulletin/Chinese/2001NovDec/1.html

(三) 上帝的揀選

既然因信稱義,那問題發生後,有些人獲得上帝的恩典而有些卻沒有,是什麼原因呢?路德認為,因為人沒有能力而上帝有自主權,想得比人們更深更遠,故用揀選加以解釋。

(四)《聖經》

《聖經》是信仰與生活中的唯一準則,也是人人唯一可以依據的來源。上帝在《聖經》中,把它所有的思想都呈現出來,如果人們按照文字的規律去貫通則可以清楚地去瞭解教義。

三、教育思想

(一) 就教育意義而言

當時德國在學校裡的狀況,路德是這樣說的:「到處都充斥著這樣的教師先生們,他們一無所知,教不出什麼有用的東西來。甚至連正確的學習和教學方法都不懂。」[20] 並且路德強調:「我願意我的青年無知和愚笨,也不願這樣的大學和修道院成為他們唯一受教育的場所。」[21] 因此路德又說:「對青年施以極大的愛護就成了市長們與市政官員們不可推卸的責任。」[22] 教育最

---

20 吳元訓(1989)。中世紀教育文選。北京:人民教育。頁 690。
21 同註 20,頁 672。
22 同註 20,頁 687。

重要的意義乃是讓全體人民幸福。

(二) 就教育目的而言

路德以三大不同方面來分別探討。

1. 宗教

基督教徒透過教育可以培養青少年有虔誠的信仰，路德說：「敢於傳播真理並教誨別人的年輕人，才能給魔鬼以致命的打擊。」[23] 教育的力量是十分強大的，如果能透過教育把對宗教的迷失給打敗，那社會將會安樂。

2. 國家

路德很明確地說：「一個城市必須有受過良好教育的人」[24] 受過良好教育的市民對整個國家的貢獻是無法計算的，無知與受過基督教教育的人對整個國家的發展是會有很大差異的。

3. 人的發展

透過教育才可以使人發展完整。路德指出：「兒童是喜愛獲得知識的，無論是語言知識、數學知識或歷史知識。」[25] 教育是人類獲得知識最重要的途徑，一個人受過教育的陶冶後，才能達

23　同註 20，頁 671。
24　同註 20，頁 676。
25　同註 20，頁 676。

到完整發展。

(三) 就教育內容而言

不論貧富或男女，均可受教育。並且路德認為要有良好的家庭教育才能成為學校教育的基礎。尤其是在兒童時期的道德與宗教教育，要及早培養。最主要教育內容是「宗教」，路德說：「任何時候基督教徒都應該把《聖經》當作唯一讀本認真學習，徹底熟悉《聖經》」[26] 除了宗教外，音樂、語言與體育也為教育內容的一部分。他認為有三大條件是對教育最重要的，一為良好的教師；其次為努力的學生；最後則為完善的教學設備與圖書館。

(四) 就教育方法而言

男女有別。男生是在校每日學習兩個小時；女生則為一個小時。其餘時間男女皆在家裡工作。對於學校是有分等次的，初級學校中優秀的學生進入拉丁文學校；拉丁文學校中優秀的學生則可進入大學。拉丁學校主要以教士與教師為主，而大學則是以培養未來國家或教會領導人為主。

教育體制構想如下[27]：

---

26 同註 20，頁 682。

27 http://mind.hfu.edu.tw/other_education/education_what/file/3.htm

1. 家庭教育

家庭是教育的基礎力量，內容：

(1)宗教：《大教義問答集》來加強普通人民對基督教教義的瞭解。

(2)道德：《聖經》、《伊索寓言》將道德獨立於信仰、神學之外。

2. 初等教育

(1)內容

①以宗教為主：《聖經》。

②重視人文教學：語言、藝術、歷史、音樂。

(2)特色

①兒童具有追求知識與活動的自然愛好，應予以滿足而非阻止。

②使用直觀教學法。

③主張廢除體罰，對兒童的教育和教學應當溫和。

3. 拉丁學校

(1)屬中等教育。

(2)不普及，有資格限制。

(3)應設立圖書館，收藏各種宗教、語法、藝術、科學、法學、醫學等書籍。

4. 大學

(1)目的：培養教會與國家未來領袖。

(2)來源：拉丁學校的優良學生。

(3)內容

①沿用人文主義者的課程——語言、修辭學、文法

+ 歷史、音樂、數學、自然科學、體操

②應設立圖書館，收藏各種宗教、語法、藝術、科學、法學、醫學等書籍。

四、對後世教育的影響

(一) 文化方面

1. 對歐洲中古的基督教生活與信仰方式做了全盤改變，例如：從透過教士或教皇作為與上帝溝通為中介，到人人可以直接和上帝溝通。

2. 歐洲中古的倫理生活因宗教改革而起了劇烈的轉變。中古認為應該要以教會為中介點，但是宗教改革後，認為應該提倡人人可以以《聖經》為準則，作為日常生活的依據，而不用透過教士的力量。

3. 促使國家和人民之間有了新的關係，宗教改革以前教會用贖罪券來斂財，讓人民對國家的信任大受打擊，國家的聲

望也一蹶不振，宗教改革以後，國家與人民之間，比宗教改革前的關係更加密切了。

(二) 科學方面

重視古代希臘羅馬典籍的研究。因其文獻可以增加人生相當多的知識，並以此而促進了科學運動的產生。

(三) 教育方面

1. 主張普及教育應由國家推動教育

國家對於教育不可以置身事外，應主動去關心且視為自己的重大責任。人人都可以受教育的陶冶，對現今普及教育是有影響的。

2. 義務教育

學校教育的基礎乃為家庭教育。並且在適當的年齡送往學校接受學校教育。這也造成新的學習制度產生，從初級學校到拉丁文學校；拉丁文學校之後再到大學。

貳、喀爾文（John Calvin，西元一五〇九至一五六四年）

一、生平事蹟

　　為喀爾文教派之創始者。出生於法國北部，其父親格拉爾‧喀爾文為主教法律管理部的人員與顧問，故從小喀爾文就在貴族家庭裡受教。

　　西元一五二三年：到巴黎學習士林哲學。

　　西元一五二八年：取得文學碩士學位且繼續往奧紐良（Orlean）攻讀法律，但因家庭事故而中斷。後研究馬丁路德宗教改革，因而逃開舊教的枷鎖。

　　西元一五三一年：回到巴黎學習古典文學與受人文主義陶冶。

　　西元一五三四年：因偏向新教，逃亡到斯特拉斯堡（Strasbourg），隨後在瑞士日內瓦創立喀爾文教派。

　　西元一五三六年：出版了《基督教原理》（*Institutes of Christian Religion*），闡述其對宗教的理念。

　　西元一五四一至一五五五年：在日內瓦定居，並進行一系列的神學爭論[28]。

28　威爾‧杜蘭（Will Durant）著，幼獅翻譯中心譯（1988）。宗教改革。台北：幼獅。頁 205。

西元一五六四年：三月二十七日，在日內瓦辭世。

二、神學思想

喀爾文的全部神學思想精華都在其著作《基督宗教教義》一書之中。喀爾文相信上帝是全能的，人性在上帝面前顯露無遺。如果你瞭解上帝，那你將會看到自己的墮落，因為會從上帝的榮耀中看到自己的腐敗。他同時也認為上帝是有自主權的，可以選擇要救哪些人。此學說影響有兩方面：一為讓人認為可以透過辛勤的工作來榮耀上帝；另一為讓人的心靈上有寄託，拉近與上帝的距離。其主要思想如下：

(一) 上帝預選說

上帝在創世之初就已經預選好了要救贖的人。

(二) 不能抗拒上帝的救贖

不管個人想不想被救贖或有沒有能力等等，都必須無條件接受。

(三) 支持路德因信稱義的論點。

(四) 保留聖餐與聖禮

與路德對於聖餐的觀念有所出入，喀爾文認為可以透過因信稱義去感受到上帝實體的存在，而並非路德的同質說。

（五）強調講道 [29]

注重牧師教育、信徒教育與信仰和整個社會的關係。

三、教育思想

喀爾文的教育思想精華都在其著作《基督教原理》、《日內瓦初級學校計畫》與《基督教教規》中呈現。茲歸納如下：

（一）就教育意義而言

人一出生就有罪，且具有惡的本能。透過教育使人對上帝虔誠，他說：「真正的智慧、堅強的力量、徹底的仁慈，以及無瑕的正義，只有在上帝那裡才能發現。」[30]

（二）就教育目的而言

教育的最主要目的在於人人都可以接受教育，同時傳授喀爾文教派的信仰教義。透過教育宣傳福音，才是最主要的目的。

---

29 http://61.233.179.104/translate_c? hl=zh-TW&u=http://baike.baidu.com/
view/65111.html&prev=/search % 3Fq % 3D % 25E5% 25AE % 2589%
25E5%2588%25A9%25E7%2594%2598%25E6%2595%2599%25E6%
25B4%25BE%26complete%3D1%26hl%3Dzh-TW%26rls%3DGGLJ,
GGLJ:2006-32,GGLJ：zh-TW

30 同註 20，頁 700。

(三) 就教育內容而言

以《聖經》、道德教育與本國語文為教育主要內容。

1.《聖經》

他強調說：「《聖經》的教學目的和指導，要引導人們獲得對上帝造物者的知識」[31]。最主要還是達成教育意義，使人對上帝有虔誠的信仰。如果沒有敬畏上帝的心，人與人當中就沒有公道與仁愛了[32]。

2. 道德教育

他強調說：「上帝將律法賜給我們，為的是要完善的正義教訓我們。」[33] 所以，人們應該以法律的規定為根據，分辨善惡，憎惡不義，並在「教師的指導下，進行內省。」[34] 透過自我的反省、檢查自己的行為加上教育意義的實現，那麼，人人必會向善且有崇高的道德。他還指出，對人們進行「道德法」的說教最主要在於使人們明白兩個要點：一，以全心、全意和全力愛我們的上帝；二，愛鄰舍如同愛自己[35]。

---

31 同註 20，頁 707。
32 同註 20，頁 748。
33 同註 20，頁 743。
34 同註 20，頁 741。
35 同註 20，頁 748。

3. 本國語言

　　喀爾文主張初等學校應先授予本國語言為基礎後，才教導其他語言，如希臘文、拉丁文等。

(四) 就教育方法而言

	初等學校	文科中學	高等教育
教育目的	使人人對上帝有虔誠的信仰	為了受高等教育而作為準備	培養未來學校、教會、國家所需人才
課程內容	本國語文、閱讀、宗教與數學等	宗教、希臘文、拉丁文、西賽羅的文章、自然科學等	宗教課程、人文學科、古典文學、自然科學等
主要特色	不管貧富皆可以接受教育，加強新教的力量	分為七個等級，合格後即晉升到下一個等級	人才或教師都需要受到道德的規範與約束

四、對後世教育影響

(一) 普及教育

　　為了傳授喀爾文教派的信條，不論貧富人人都可以受教，這對後世的普及教育有極大的貢獻。

(二) 個人主義

個人透過辛勤的工作可以榮耀上帝，故使人民活動力增強。這對後世的工業革命有極大的影響，也帶領了整個社會走向繁榮。在教育方面則激發了創造性與自主性。

參、羅耀拉（Ignatius of Loyola，西元一四九一至一五五六年）

一、生平事蹟

耶穌會的創始人。生於西班牙的貴族家庭，幼年時立志從軍，但後因腳受傷而無法繼續當軍人。在養病時間，閱讀了相當多有關基督教的書籍，如：《聖徒傳》與《基督的一生》，此後就投身於教會中。西元一五二二年開始，羅耀拉到各地學校學習，如：巴塞羅那拉丁學校、阿爾可拉大學、巴黎大學等等。西元一五三四年和六位好朋友創立了耶穌會。稱教宗為最高統帥，西元一五四一年羅耀拉被選為第一任統帥。西元一五五六年七月三十一日辭世於羅馬。

二、教育思想 [36]

羅耀拉的教育主要思想都在其著作《精神訓練》、《耶穌會

---

36 單中惠（1996）。西方教育思想史。太原：山西人民。頁 124。

章程》、《教學大全》中。

(一) 就教育意義而言

透過教育以傳遞耶穌會的理念。經過精神訓練以後，可以更加地瞭解自己並且與上帝有良好的溝通。

(二) 就教育目的而言

1. 將宗教與道德觀深深地傳達到每個人的心中。
2. 透過教育以培養未來教師，教師必須要有虔誠的信仰作為前提，故須透過接受教育的陶冶，以對抗新教。

(三) 就教育內容而言

以古典文學的拉丁文為主，因學院區分等級而有所分別。
1. 低級學院：以基本的宗教道德與人文學科為主。
2. 高級學院：修習三年的哲學課程，合格後才能攻讀神學部。
3. 神學部：以神學為主，培育擔任教士或教會領導人。

此外擔任教師的人必須具有教育學與心理學的基礎，才可以任教。

(四) 就教育方法而言

教學方法在《教學大全》此書中，有詳盡的記載。教師的教學方法相當多，包含：講解、閱讀、記憶、測試和競賽等。

三、對後世教育的影響

(一) 建立師範體制

羅耀拉對教師的培養十分看重，促使後世有專門的學校，從事師資的培育。

(二) 學校體制

體制嚴厲的、層級的規劃，提升了學校體制的效率與規範，並且也促使教師在教學上質量的改進。

參考書目

一、中文部分

1. 王連生（1990）。新西洋教育史。台北：南宏。

2. 王曾才（2002）。西洋近代史。台北：正中。

3. 王德昭（2004）。西洋通史。台北：五南。

4. 何禮魁（H. H. Holmquist）著，戴懷仁、陳建勛譯（1966）。馬丁路德傳。香港：道聲。

5. 克伯萊（Cubberley, E. P.）著，楊亮功譯（1980）。西洋教育史。台北：協志工業。

6. 吳元訓（1989）。中世紀教育文選。北京：人民教育。

7. 李振群（1999）。透視 2000——宗教改革與近代教會（卷三）。馬來西亞：協傳培訓中心。

8. 周恃天（1976）。西洋文化史（上冊）。台北：黎明。

9. 林立樹（2002）。世界文明史。台北：五南。

10. 威爾‧杜蘭（Will Durant）著，幼獅翻譯中心譯（1988）。宗教改革。台北：幼獅。

11. 祈伯爾（B. K. Kuiper）著，李林靜芝譯（1993）。歷史的軌跡：二千年教會史。台北：校園。

12. 徐宗林（1991）。西洋教育史。台北：五南。

13. 格萊夫斯（F. P. Graves）著，吳康譯（1966）。中世教育史。台北：台灣商務。

14. 特洛爾奇（Ernst Troeltch）著，朱雁冰、李承言、劉宗坤譯（2004）。基督教理論與現在。北京：華夏。

15. 張欽盛（1986）。歐洲教育發達史。台北：金鼎。

16. 梅列日科夫斯基著，楊德友譯（1999）。宗教精神。上海：學林。

17. 麥可‧慕雷特（Michael Mullett）著，王慧芬譯（1999）。馬丁路德。台北：麥田。

18. 麥格夫（Alister E. McGrath）著，蔡錦圖、陳佐人譯（2006）。宗教改革運動思潮。香港：基道。

19. 麥葛福（Alister McGrath）著，曹明星譯（1999）。再思因信稱義。台北：校園。

20. 單中惠（1996）。西方教育思想史。太原：山西人民。

21. 鈕康博（D. G. Newcombe）著，黃煜文譯（1999）。亨利八世與英

國宗教改革。台北：麥田。

22. 漢普生（Hampson, N.）著，李豐斌譯（1984）。啟蒙運動。台北：
聯經。

23. 劉伯驥（1983）。西洋教育史。台北：台灣中華。

24. 蔡維民（2001）。永恆與心靈的對話──基督教概論。台北：揚智。

25. 薪傳出版社編輯部（1996）。世界歷史演義全集。台北：薪傳。

26. 羅漁（1973）。西洋中古文化史。台北：文景。

二、英文部分

1. Birdie Oneita Greenough. (1909). *The Origin of the English Poor Law and Its Development Through 1601*. Kansas: Sociology.

2. Baird: Rules and Regulations for Hopkins Grammar school.

3. Carlisle: Oath of a Grammar School Master.

4. Council of Constance: List of Church Abuses demanding Reform.

5. Cowper: Grammar School Statutes regarding Prayers Girls.

6. Dillaway: Founding of the Free School at Roxburie.

7. Elizabeth: Penalties on Non-conforming Schoolmasters.

8. Geiler: A German Priest's View as to Coming Reform.

9. Gerard: The Dominant Religious Purpose in the Education of French.

10. Green: Effect of the Translation of the Bible into English.

11. Kilpatrick: Work of the Dutch in developing Schools.

12. La Salle: Rules for the "Brothers of the Christian Schools".

13. Luther: Dignity and Importance of the Teacher's Work.

14. Luther: On the Duty of Compelling School Attendance.

15. Luther: To the Mayors and Magistrates of Germany.

16. Minutes of Council: The First School in Philadelphia.

17. Murray: Early Quaker Injunctions regarding Schools.

18. Pachtler: The Ratio Studiorum of the Jesuits.

19. Parker: Refounding of the Cathedral School at Canterbury.

20. Raumer: The School System Established in Wuttemberg.

21. Saint Thomas Aquinas: On the Treatment of Heresy.

22. Statute: The Scotch School Law of 1648.

23. Statutes: English Act of Uniformity of 1662.

24. Stiles: A New England Indenture of Apprenticeship.

25. Strype: An English Elementary-School Teacher's License.

26. Synod of Dort: Scheme of Christian Education adopted.

27. Woodward: Course of Study at the College of Geneva.

28. Wycliffites: Attack the Pope and the Practice of Indulgences.

參考網址

1. http://epaper.ccreadbible.org/epaper/page_99/62/IgnatiusdeLoyola.htm

2. http://translate.google.com/translate? hl=zh-TW&sl=zh-CN&u=http://
www.shenmeshi.com/Education/Education_20071015213434.html&sa=
X&oi=translate&resnum=3&ct=result&prev=/search % 3Fq % 3D %
25E9% 259B % 2599% 25E8% 25BB % 258C % 25E5% 25AD % 25B8%

25E5% 2588% 25B6% 26complete % 3D1% 26hl % 3Dzh-TW % 26rls % 3DGGLJ,GGLJ:2006-32,GGLJ:zh-TW

3. http://translate.google.com/translate? hl=zh-TW&sl=zh-CN&u=http://bk. 51player.com/view/140891.htm&sa=X&oi=translate&resnum=9&ct=result&prev=/search % 3Fq % 3D % 25E8% 2583% 25A1% 25E6% 25A0% 25BC%25E8%25AB%25BE%26complete%3D1%26hl%3Dzh-TW% 26rlz%3D1T4SKPB_enTW235TW238

4. http://64.233.179.104/translate_c? hl=zh-TW&u=http://baike.baidu.com/ view/65111.html&prev=/search % 3Fq % 3D % 25E5% 25AE % 2589% 25E5%2588%25A9%25E7%2594%2598%25E6%2595%2599%25E6% 25B4%25BE%26complete%3D1%26hl%3Dzh-TW%26rls%3DGGLJ, GGLJ:2006-32,GGLJ:zh-TW

5. http://mind.hfu.edu.tw/other_education/education_what/file/3.htm

6. http://culture.edu.tw/history/smenu_photomenu.php? smenuid=190&subjectid=401

7. http://culture.edu.tw/history/smenu_photomenu.php? smenuid=191&subjectid=402

8. http://zh.wikipedia.org/wiki/ % E5% AE % 97% E6% 95% 99% E6% 94% B9%E9%9D%A9%E8%88%87%E5%8F%8D%E5%B0%8D%E6%95% 99

9. http://zh.wikipedia.org/wiki/ % E5% AE % 97% E6% 95% 99% E6% 94% B9%E9%9D%A9

10. http://culture.edu.tw/history/subcategory_textmenu.php? subcategor-

yid=51&s_level=2

11. http://zh.wikipedia.org/wiki/ % E5% AE % 97% E6% 95% 99% E6% 94% B9%E9%9D%A9%E8%88%87%E5%8F%8D%E5%B0%8D%E6%95% 99

12. http://epaper.pctedu.org/old_ver/09.html

13. http://www.episcopalchurch.org.tw/

第 7 章

唯實論與教育

科學探究的興起

唯實論（Realism）是扭轉歐洲教育發展方向的一種重要學說，它使得西方教育的進程異於東方，也是造成西方科學文明的一股教育力量。唯實論注意具體的經驗世界，強調感官功能的重要性，側重自然界的資源。唯實論者認為只有透過感官來獲得知識，才是最為「實」在的知識。這種論調，恰好與教父哲學時期之「唯實論」主張相反。

依黑格爾的「正」「反」「合」學說，唯實論可以說是對人文主義的反動。人文教育以書本為主，唯實論則以感官經驗為依歸；人文教育注重古文，最後流為僅要求文字或格式之美，而無實質內容的結果；唯實論則要注重文字內容及人文主義之原始精神，並以地方語言教學。這些對比，都顯示出唯實論的反動色彩[1]。

科學思想興起之原因歸納如下：

壹、歐洲人的地理大發現

基督教的好戰性，除了造成無休止的宗教戰爭以外，也使得歐洲人在航行上產生冒險事蹟。西元十三世紀時，馬可波羅

1　林玉体（1987）。西洋教育史。台北：文景。頁239。

（Marco Polo，西元一二五四至一三二四年）等人就曾旅行至中國，還作有《航海記》（*Voyages*）一書，廣為時人所閱讀。西元十四世紀初，羅盤的使用已甚為精緻，長程航行變為可能；因此從西元十五世紀開始，西歐人即向非洲及東方進行探險，其中以西元一四九二年哥倫布抵達新大陸，及西元十六世紀初（西元一五二二年）麥哲倫（Ferdinand Magellan）之航行地球一周，最是轟動。這段時間，史家稱之為「發現時代」（The Age of Discovery）。

貳、科學新理論及科學工具的發明 [2]

科學新理論之出現，在天文學方面，以哥白尼（Nicholas Copernicus，西元一四七三至一五四三年）的「太陽中心說」，最足以震撼人心。這位日耳曼波蘭籍羅馬天主教教士，提出地球繞行太陽的天文學說，以代替舊有托勒密（Clandius Ptolemy）之地球不動而以太陽繞地球轉的「地球中心說」。不只要瞭解哥白尼提出這種石破天驚的論調，更應注意的是支持他提出該種論調的基礎。他說：「有關星體運行的觀念，我曾經考慮過既有的說法很久。但遺憾的，我對於過去的人所提出的解釋並不感滿意。」於是他乃「根據多年的仔細觀察之後」，提出太陽中心說，將宇宙重心做了一百八十度的轉變。並且相當識時務的要求他人於他

2　同註 1。

過世時才將該種觀念公布於世。

太陽中心說因為有事實根據，且又憑觀察而來，並非使用冥思或是由權威論調而來。因此，教會雖然抵制，又焚燒了宣揚哥白尼學說的義大利天文學者布魯諾（Giordano Bruno，西元一五四八至一六○○年），囚禁了伽利略（Galileo，西元一五六四至一六四二年）等，但終於成為天文學上的定論。傳統的看法破滅了，新的觀念產生了。而新觀念之產生，必須要有科學基礎。

另外一種科學儀器的使用而加速文明步伐的是印刷術。西元十五世紀時，歐洲各地就普遍設有印刷廠。印刷廠一成立，販書中心即跟隨而至。印刷術對普及知識，功效至大。印刷術的使用可以說是中古世界與現代世界的分水嶺。印刷術對文教活動，至少有下列諸項好處：

一、使書本價廉。

二、出書省時。

三、書本流傳廣且快。

四、教學時，除了教師有課本之外，學生亦擁有課本，打破了教師才能有課本的專利。對於學校的普遍設立及知識的普及，大有貢獻。

五、教法因書籍之多而有重大改變。改變了以前教學時只重背誦，或是教師讀課，學生筆記的方式，使得老師念，學生抄的教學方式，失去了必要性。

六、正確性增加：印刷是機器化下的產品，錯誤少於昔日手抄書，或因抄者不同，疏忽而產生的錯誤。

參、懷疑觀念的增強

懷疑的對象，當然是傳統習俗、權威學說，以及迷信。笛卡兒在文明史上占有重要地位，乃因他善於懷疑。笛卡兒懷疑一切，包括教皇帝王的言論，他都不予置信；甚至連他自己是否在振筆直書這件事，也懷疑是真實的或是在睡夢中。笛氏懷疑的作風，使他被封為「第一位近代哲學家」。至於對權威學說的反抗，大抵知名學者都有此傾向。教父哲學以來，學界的最高權威是亞里斯多德，而亞氏門徒坐鎮的大學是巴黎大學。但西元十六世紀時，即令是亞氏學說大本營的巴黎大學，都出現了諸如拉姆斯那樣子的學生。

但是在思想史上，反抗習俗權威之膽量不下於歐陸之拉姆斯，而在學界引起如颶風似影響力的，卻是英國培根。

培根早年就讀於劍橋，但他發現劍橋的學者，都相當愚蠢，抱殘守缺，以亞里斯多德的學說至上，他乃憤而退學去進行他自己的科學實驗。他除了不滿亞氏學說之外，還非難當時學者崇拜「偶像」作風；因之乃提出了他的「打破權威偶像」之說。培根指出時人所盲目追隨的偶像有四，一是「種族的偶像」，二是「洞穴的偶像」，三是「劇院的偶像」，四是「市場的偶像」。培根見識非常人所及，在學問上，除了要解蔽外，還須免除心中的各種偶像，如此學術研究才能自由，真知真理才能獲得。心中偶像的避免，是科學研究的「必要條件」。

　　科學更是破除迷信的利器。在宗教氣氛相當濃厚的世界裡，人民因無知而產生迷信，神蹟頻現，以為符咒可以治病，它可以使殘者恢復正常，並可預測未來，還可懲罰惡人。

肆、研究方法之注重 [3]

　　方法是開啟知識寶庫的鑰匙。工欲善其事，必先利其器。中西學者早就知道研究學問，必須要有工具。歐洲學術界泰斗之一的亞里斯多德就有《工具》一書。但直衝亞氏觀念的培根，卻對亞氏《工具》一書，詆譭不遺餘力。培根認為亞氏的《工具》是舊工具，僅就既有信念予以分析推演，因此舊工具只能「溫故」而已；但溫故卻不能知新。培根主張為學不可用接枝法，應該栽新苗。培根的《新工具》於西元一六二○年出版，提倡知識研究，應從事實的觀察入手，然後根據這些經驗事實歸納成結論。換句話說，亞氏的《工具》是「演繹法」；培根的《新工具》是「歸納法」。

　　培根在研究方法中，還有一個婦孺皆知的比喻。他將只會空想而不切實際的為學方法比喻為「蜘蛛」法。只會日夜不懈的勤奮蒐集資料的方法比喻為「螞蟻」法。而將既能廣為閱讀而又能提出己見的方法比喻為「蜜蜂」法。「螞蟻」及「蜘蛛」型的為學法皆非善策，唯有學「蜜蜂」，方能在博採花粉之後，進行加

3　同註 1。

工而釀成芬芳香甜的蜂蜜。這和中國古代孔子在《論語》為政篇中所言：「學而不思則罔，思而不學則殆。」有異曲同工之妙，前者在比喻「螞蟻」，後者在比喻「蜘蛛」，又學且思的做法比喻為培根的「蜜蜂」。

一、方法論的重點

近代科學之父的培根重視研究的方法，近代哲學之父的笛卡兒，對方法的注重，也不亞於培根。笛卡兒於西元一六三七年所著《方法論》一書，認為獲得信念的確定，必須訴諸理性。笛氏自言他的理性主義之方法論有下述的重點：

(一)如果在內心中對某種觀念既不「清晰」，也不「顯然」，則不承認其為真。

(二)盡可能的將困難問題分成細小的部分，以便一個一個予以解決。

(三)由簡易的部分入手，漸漸抵達最複雜的部分。

(四)全盤檢視，細查每一部分，不使遺漏。

因此，笛卡兒要學者「不知為不知」，而切勿「不知為知」。並且知的部分必須知的「清晰」又「顯然」；有一分證據才說一分話。方法的重視，還產生二種附屬結果：

(五)只要有方法，則人人的成就可以同等。

(六)只要有方法，則可以盡吸所有知識。學海雖無邊，但唯法是岸。

這二種主張，都是學者初嚐科學成果而形成的樂觀看法。環

境主宰一切，後天支配一生。只要有方法在身，則全部學問悉數可得，這就是「泛智主義」的主張。

二、學界的通病

但上述唯實論興起的間接原因。在文教活動上，產生唯實論的直接原因，乃是由於那批重科學研究，主張直接經驗最為可靠也最可信賴的學者，當他們的感官一觸及當時學校教育竟然只注重形式的措施之後，乃不免發出「唯實」的改革呼聲。唯實論者所指摘的教育弊端，就是人文主義教育末流的現象。人文教育本是應文藝復興而來，它的精神相當崇高，也頗富意義與價值；但實施人文教育的時間一久，性質卻發生了重大的變化。但還值得一提的是，培根銳利的「耳目」，道出當時學界的通病有三[4]：

(一)逞口舌之學：「熱衷於爭辯，卻貧瘠於結果。」學者無止境的探討已失意義且毫無實質的繁瑣問題，對於知識領域之擴展，絲毫無所幫助。

(二)虛矯之學：只重文學而非實際，只有詞藻之美卻空洞無實，有文無質即是文學作品的怪現象。

(三)異想天開之學：有些學者研究自然，但只有衝動而無方法，因此產生一些假學。煉丹術及占星術等，大行其道。

4　同註 1。

三、唯實論除弊處方

唯實論者針對時弊，開出三帖處方：

㈠如果注重古典文字教育，也應認清文字只是工具，目的在於瞭解古典文學之精神；切不可捨本逐末，車置馬前。

㈡教育不是只有念書而已，學生應注意實際生活，如此經驗才會廣博，學問才會踏實。

㈢方法上應盡力模仿與記憶，以感官作為獲得知識的媒介。

相應於上述三種處方，唯實論可分三種階段，第一階段稱「人文唯實論」；第二階段稱為「社會唯實論」；第三階段稱為「感官唯實論」。到了第三階段，唯實論已走入自然科學研究領域。昔日希臘思想家先研究自然，然後轉向探討人文；文藝復興後的西洋學者，則把注意焦點先放在人文上，後來才轉移到自然。這種對比也值得吾人思考。

教育之唯實論

西方教育的唯實思想，深受自然研究與科學興起的影響。早期鼓吹研究自然，並且提出以新的思考方法，作為獲取知識的要算英國學者培根。他雖然不是一位真正從事科學研究的學者，但他對科學思想、科學知識、科學方法的闡述與推廣，影響西方學術思想至為深遠。

壹、培根的唯實思想 [5]

一、著《新工具》，討論知識問題

培氏認為新知識的擴充，不能再依賴舊有的演繹法。人們必須利用感官經驗與自然相接觸。知識的增加，不能再倚賴傳統權威。因此建議在思想上需要破除四大偶像。

　　㈠種族偶像（idola tribus）：意指以偏概全，人人皆有的錯誤，來自人的本性。

　　㈡洞穴偶像（idola specus）：意指成見，個人專有的錯誤，來自個人的成長背景、環境、經驗等。

　　㈢劇場偶像（idola theatri）：是訴諸權威的謬誤，學理推論後的錯誤，來自個人篤信之學。

　　㈣市場偶像（idola fori）：人與人溝通後產生的錯誤，來自社會習俗、文字或語言。

二、一般都認為培根是提倡歸納法的哲學家

他的歸納法強調儘量利用觀察的經驗活動去蒐集（collection）相關的事實資料。這些資料須從觀察的、經驗感官來的資料，而不強調符號的、書本的資料。經由檢視，將無用且不相干

5　徐宗林（2005）。西洋教育史。台北：五南。頁 332-334。

的除去，剩下的加以總括，做出系統的判斷陳述。

三、心智的陶冶應該和道德品行的陶冶一樣看待。

四、強調科學知識及藝能學科

　　培根以為當時歐洲大學教學的內容多為專業知識，諸如：法、醫、文等學術之研究，而作為專業學識基礎的科學及藝能學科，常被人們忽略。專業學識的研究，不僅忽略科學知識日益增多的事實，而且對於國家、政府相關事物所需的知識也有輕蔑之意。所以大學所培養之人才，未必能夠成為治理國家、擔任政府職務所需要的人才。

五、實驗來的知識勝過書本的知識

　　培根覺得自然知識的充分瞭解以及自然知識的長足進步，有賴於花費金錢於實驗的進行。學者們必須深思熟慮的問題，及他們是否應該繼續維持士林哲人一貫的治學方法？廣泛閱讀書本既有的學識，運用辯論或討論的方式求取知識？抑或是應該廢除這些求知的方法，而另以其他方法來取代此一傳統方法？當然，這答案對培根而言是相當確定的，他會主張沿襲已久的演繹法，有需要以歸納的方法來取代之。

六、學習過程中重視實際經驗

　　培根批評當時的學生學習邏輯及修辭的時候，教育者從來不

顧及到這些學生是否已經具備了運用邏輯思考的修辭規則經驗內容。他對於學生心靈在空無所有的狀況下，如何叫學生去運用邏輯或修辭的規則深表懷疑。在培根看來，這些藝能的學習，學生有必要先具備充足的運用材料，然後學習使用此項藝能，才能顯得順理成章。

貳、唯實論的教育制度[6]

一、初級學校

代表	教學對象	教學內容	設學目的	影響
康美紐斯：國語學校	六至十二歲的兒童（免費且強迫入學）	以本國語文為主。另有各種經驗的技藝、圖畫、道德等	平民與普及教育	
穆加斯達	六至十二歲的兒童（男女平等）	英語、讀、寫、唱、演奏樂器、圖畫，七歲開始學拉丁文	強調英語的重要性	

6　滕春興（2005）。西洋教育史講義。台北：文化大學。第七章。

代表	教學對象	教學內容	設學目的	影響
弗蘭開學舍： 貧民學校 市民學校 孤兒院	貧窮的人民	宗教訓練、手工學科、自然學科、數學、地理，採實物教學	使一般民眾或窮人子弟可以適應實際生活	日耳曼實科學校之設置職業教育

二、中等學校

代表	教學對象	教學內容	設學目的	影響
康美紐斯： 拉丁學校	十二歲以上之兒童	本國語文、拉丁語文、希臘文、自由七藝與百科全書式知識等等。分為六級：文法、物理、數學、倫理學、辯證學、修辭	為進大學作為準備	
穆加斯達： 文法學校		修習五年中等教育	強調英語的重要性	
阿克登米	凡滿十二歲之兒童	十二歲→拉丁文法、幾何學、算數 十三至十六歲→希臘文、自然、哲學、生理學、地理、自然等	使一般民眾或窮人子弟可以適應實際生活	西元十八世紀美學實用思想教育家——富蘭克林

三、大學

代表	教學對象	教學內容	設學目的	影響
康美紐斯：大學	通過考試，成績優異之青年	神學、法律、醫藥、音樂、演講	可以進修神學院，專研於學科研究	
穆加斯達		語言、數學、哲學、神學	培養教師、醫生與律師	

參、唯實論的大學與中世紀大學比較 [7]

	中世紀大學	唯實論大學
學術風氣	注重權威	學術自由
學科	博雅學科、神學、醫學、法學	自然科學興起，以實用科目為主
學習方法	書本知識為主，古典經文之熟習	發問、質疑、批評、反駁、獨立思考、觀察、實驗等科學方法
教學方法	教師以書本授課	重視討論、做報告的學習方式
入學資格	沒有特定條件，但須基本拉丁語能力	經挑選而來，培養高級人才
為學態度	注重權威，崇尚古典經文	破除權威，以懷疑態度求學
教學用語	拉丁語	當地母語
教學目的	傳承古典文化	創新

7　同註 6。

唯實論的派別及其對教育的影響 [8]

壹、人文唯實論

一、教育目的

　　認為教育要傳授有意義的知識，以為未來生活作準備。

二、教育主張

　　㈠重視語文的學習，兼含古典文與方言。

　　㈡語文的學習，重視的是內容而非形式。

　　㈢除了重視古典語文外，並且要重視有關人文學科與自然學科。

　　㈣廣博的課程，如：經濟、政治、倫理、體育、道德與社會等。

　　㈤逐漸趨向普及教育的發展。

三、代表人物

　　㈠彌爾頓（John Milton，西元一六○八至一六七四年）。

8　張欽盛（1986）。歐洲教育發達史。台北：金鼎。頁數 77-80。

㈡拉伯雷（Francois Rabelais，西元一四八三至一五五三年）。

貳、社會唯實論

一、教育目的

「紳士」的教育。教育應培養的是一位像紳士般的高級人才。在對人方面可以圓融；對事方面有準確的判斷能力；對物方面有全盤的思考。

二、教育主張

㈠知行合一。知識與道德並重，才是最為理想的教育。

㈡有關文字或語言的學習，要透過不斷地練習才會有好的成效。

㈢讓兒童有機會獨自去對事物作出判斷，且保持高度懷疑好知的態度。教育實用化的最大目的乃是讓個人對事物有獨到的見解。

㈣透過旅行去體驗生活，培養判斷力，社會像是取之不盡的教育資源般，旅行為最佳接觸和獲取的方式。

㈤強調環境教育的重要性：透過旅行可以瞭解人的價值觀、個人哲學觀；當地的風俗、文化；社交活動等，都是課本無法授予的知識。

三、代表人物：蒙田。

參、感官唯實論

一、教育目的

透過感官去作為學習知識的途徑，並且提升懷疑求知的態度。

二、教育主張[9]

㈠教育應從簡單到複雜，從具體到抽象。

㈡教育先事物；然後法則。

㈢教學分析比教學生構想還重要。

㈣各個學生都該教其自作研究，不要只是接受或依賴所謂名人大家的說法。

㈤真正透徹理解並且很有價值的，才去記憶。

㈥應使學生對所教科目有興趣，不要限制或強迫學生。

㈦教學上，都必須使用當地語文。

㈧先研究實物，再研究名稱。

㈨應先發現自然的法則與次序，再決定教學的方法。

9　劉伯驥（1983）。西洋教育史。台北：台灣中華。頁 188-189。
　　克伯萊（Cubberley, E. P.）著，楊亮功譯（1980）。西洋教育史。台北：協志工業。頁 429-430。

㈩提倡體育以增進健康。而非習得運動競技。

㈠無論是誰，都應給予機會，採用方言，學得各種基本知識。

㈡只有希望接受完全正規教育者，才須學希臘拉丁語文，並
　須以方言作媒介。

㈢要尋出一個劃一而且科學的教育方法，使教育成為一種科
　學，足以指導教學工作。

三、代表人物

㈠雷凱斯。

㈡康美紐斯。

唯實論的教育思想家

壹、彌爾頓（John Milton，西元一六〇八至一六七四年）

一、生平事蹟

　　為英國詩人、教育家與政治家。生於倫敦，父親喜愛研讀文
學，彌爾頓自小受其影響，喜愛閱讀，尤其深愛文學。

　　西元一六二五年：進入劍橋大學求學。

　　西元一六三二年：取得碩士學位後，閉門專研文學六年，全心全力投入寫詩的創作中。

　　西元一六四一年：發表了五本有關宗教自由的書。

　　西元一六四四年：發表《論出版自由》（*Areopagitica*），以爭取言論自由；《論教育》（*Tractate on Education*）。

　　西元一六四九年：發表《論國王與官吏的職權》（*The Tenure of Kings and Magistrates*）等，參與革命的工作。

　　西元一六五二年：因操累過度，雙眼失明。

　　西元一六六〇年：專心寫詩，為了實現對文學堅持而努力奮鬥，終於發表多首大作如《失樂園》（*Paradise Lost*，西元一六六七年），《復樂園》（*Paradise Regained*，西元一六七一年）等。

　　西元一六七四年十一月八日：於倫敦辭世。

二、教育思想

(一) 教育目的

　　彌爾頓認為當時的教育只是在繁雜的語文中學習希臘文、拉丁文等。如果多利用時間學習其他學科，教育將會更有趣。教育首要，乃為授予人們有用的知識，而非一些古典文學；次要，乃為學習不要重蹈古人的過失；最終，乃消除人民的無知，對神重新認識。

(二) 教育內容

1. 研究希臘羅馬語文應注重其內容而非只在於形式。
2. 研究語文的方法應該從具體到抽象；簡單到艱深。
3. 主張用阿克登米（Academy）取代所有的文法學校。阿克登米乃偏重實用學科的中學。阿克登米學習階段示之如下：

	滿十二歲	十三歲到十六歲	十六歲到二十一歲
學習內容	拉丁文、文法、幾何、算術、閱讀等	希臘文、數學、自然、建築、生理學等	倫理學、法律、歷史、修辭學等

貳、蒙田（Michel de Montaigne，西元一五三三至一五九二年）

一、生平事蹟

　　為法國貴族，家族從事魚與酒的國際貿易事業。幼年時，曾寄宿在農村家庭，並且接受良好的拉丁文教育；少年時，曾在吉耶那（College de Guyenne）學院，後到巴黎大學學習法律。西元一五六八年父親辭世，繼承家業；西元一五七一年隱居於蒙田堡，並於西元一五九二年辭世。其大作有《論文集》（*Essays*）、《自然神學》（*Natural Theology*）、《創造物語集》（*Book of*

Creatures）、《論學究》（*On Pedantry*）與《論兒童的教育》
（*On the Education of Children*）等。

二、教育思想

(一) 教育目的

達到自我實現，而非機械式記憶或書本內容。

(二) 教育內容

1. 直接教學法：透過經驗與感覺去學習。
2. 透過旅行去學習人文、各地文化並講求經驗的累積。
3. 因材施教：主張同樣的教學法並非適用在每一位學童身上。
4. 提供機會給學生：教學要多給予學生思考的空間，讓其累積經驗並從中學習。
5. 廢除體罰：應改由激勵或用獎懲的方式去進行教學活動。

參、雷凱斯（Wolfgang Ratke，西元一五七一至一六三五年）

一、生平事蹟 [10]

生於德國，受教於羅斯托克（University of Rostock）大學。

---

10 http://en.wikipedia.org/wiki/Wolfgang_Ratke

他在西元一六一八年創立了一所學校，但因後來受到一些困難且遭受牢獄之災八個月。西元一六二〇年雷凱斯又另外創立了一所學校，但也沒成功。他具有深遠的思想，可惜卻缺乏實踐的能力。在西元一六三五年變成流浪漢並去世。

二、教育思想

其教育思想是根據英國培根所著《學問之進步》（*Advancement of Learning*）為基礎。西元一六一七年發表《新方法》（*Methods Nova*），對後世教育有極大貢獻。教育思想臚陳於下：

㈠教育要順從自然程序。其程序：開始禱告、再全心投入等。

㈡求學專心一致，反覆練習以達到融會貫通。

㈢以國語文為主，理解重於記憶。

㈣透過經驗與感覺去替代教師的權威。

㈤教學目的與教學內容須有一致性。

㈥各學科皆不採取強制教學，並且由學生維持秩序。

肆、康美紐斯（Johann Amos Comenius，西元一五九二至一六七〇年）

一、生平事蹟

康美紐斯為西元十七世紀著名的捷克教育家，也是奠定後世

教育學基礎大學者。

康美紐斯生於捷克。父親為捷克兄弟會的成員之一。當時爆發的激烈戰爭，使得康美紐斯的母親與姊妹相繼過世，他是由親戚撫養長大的。

西元一六〇八年：兄弟會組織資助他在高級文科中學就讀。之後，又在赫爾博恩（Herborm）大學繼續攻讀神學。

西元一六一三年起，他就讀德國的海德堡大學。但是因為經濟困難，使得康美紐斯無法繼續讀到博士學程。

西元一六一四年：在兄弟學校授課及擔任校長。

西元一六一八至一六四八年：因三十年戰爭爆發，他的家庭成員隨著兄弟會一起逃到波蘭避難，也在學校擔任教師、校長以及牧師等職務。這時有許多偉大的著作問世，如：《語學入門》、《大教育學》（*The Great Didactic*）、《母親學校》等。

西元一六五一年：創辦了一所「泛智學校」，藉此傳播他的教育思想——泛智論。

西元一六七〇年：遷移到荷蘭，同年死於阿姆斯特丹（Amsterdam）。

二、教育思想

(一) 教育目的

在於培養具有虔誠信仰、高尚道德與追求豐富知識的人。也就是泛智教育。

(二) 教育內容 [11]

1. 提倡感官教學

也就是眼見為憑，不是文字，而是以「實物」為主。康氏認為，如能在學童面前呈現這些具體實物，再輔以文字說明，則學童可經由眼看、耳聽、觸摸、舌嚐及鼻嗅等五種感官來加深認識，如此所學不但正確，學習氣氛也生動有趣，因此康氏編著了世界上第一本有圖畫的教科書——《世界圖解》。以一行是圖畫，一行是拉丁文，一行是捷克語（或者是拉丁母語）來方便學童學習瞭解。

2. 教科書的重要性

因為書籍的影響力甚大。康氏認為對於教學用書的選擇與編寫應該要非常慎重。換言之，他對於出版印刷相當重視。

3. 全民都應該接受終身教育

他全力提倡全民教育機會均等。只要是人類，都應該接受教育，殘障者或者是文盲都有其機會，他更認為女性也可以接受教育。「沒有理由剝奪女性追求學問的機會，女性也秉有天賦，不應將她們排除在教育的門外。」他並且主張終身教育的觀念，活

11　林玉体（2002）。西洋教育思想史。台北：三民。頁 232-235。

到老、學到老。因此設計了七個學校來實踐他的終身教育，以下
為四階段具體的教育措施 [12]：

(1)**第一階段（一至六歲）**

　　出生與嬰孩時期可並稱為母親學校，這時以母親為主要教
師，又稱母親膝下學校，為非正式的教育，在日常生活中隨時可
進行實物教學，希望孩童在這時能瞭解各種知識的概況。

(2)**第二階段（六至十二歲）**

　　又稱國語學校，以母語教學為主，學童入學開始正式教育，
學習本國語文、經濟、技能、道德等教育課程，注重記憶力的培
養，每天上課四小時（上下午各兩個小時）。

(3)**第三階段（十二至十九歲）**

　　又稱拉丁學校，實施深入的泛智教育。學生必須學習四種古
典語文。主要以七藝為上課內容：培養文法、算數、幾何、修
辭、音樂等；還加上物理、地理、歷史、道德學及神學，包羅萬
象的豐富課程。學校分為六級，為具有百科性質的學校。

(4)**第四階段（十九至二十四歲）**

　　為大學教育。只有精英或優秀分子才可入學，是科學研究之

12　黃雋（2005）。中外教育史，高雄：高雄復文。頁 215。

所在。每個學科教授內容皆為專業之課程，採用辯論的方式，期望師生以辯論方式來反覆論證真理。注重研究設備，有豐富的藏書，注重培養國家精英。

4. 教學原則 [13]

主張自然適性原則。教學上要符合兒童的身心發展，學習由簡單進到困難之學科。以母語為其媒介。一次只學一件事物，重複數次務求熟練，不用逼迫手段，反對嚴酷的體罰。注重整體與一般性勝過於細節與特殊性。由歸納與經驗來作入門之基本，以實物來呈現教學，重視各部分的聯繫性和差別性。強調直觀是一切知識的起點，極力提倡啟發學生在學習上的主動性與自覺性，更注重生活上的百科全書教育，他提出這些觀點係在其著作──《大教育學》上。

5. 教學方法 [14]

重視感官，運用實物，分等級地循序而教，順乎人類的自然天性，用歸納法來教學。

(1)培養班級內的領導者──班長

因為當時師資缺乏，眾多學童一起齊聚在一個班級上課，老師無法兼顧全部，因此每班分組，一組十人，十人有一個班長來

---

13 同註 12，頁 238-239。
14 同註 10，頁 245-252。

管理其學習與紀律，班長就是老師的得力助手，有教學相長之助
益。

(2)集中學生的注意力

①重複教材：要學生將已說過的教材內容再複述一遍，可以
加強記憶力，加速學習。

②採用競爭方式：以分組或是分班的方式進行比賽競爭，讓
彼此有鬥志高昂的氣氛，學生必然會努力學習，加深求知
慾。同時還可以減輕教師的工作負擔，鼓動學生自動自發
的學習。

③從做中學：感官唯實論者強調理性與實驗，因此要從身體
力行中去體會學習。坐而言也要起而行，實際去做才會瞭
解真理的運行。若是上課過於缺乏動態，那就太索然無
味，使學生無心向學。

④重視玩樂：遊戲是人類的天性，教師應與學生同樂而非作
旁觀者。以趣味教學的方式來引導學習，把知識融入遊戲
中可助於教學。

(3)教師地位的重要性

所有教學方法的運用，都在教師身上，所以師資之優劣非常
重要，將會影響到學童的思想與一生，他強調教師應該受過專業
訓練，要懂得如何教導他人，必須對工作抱持熱忱，敬業樂業的
心態可使師生之間產生學習的啟發與自願性行為，如此才能上行

下效。

6. 教學信條

(1)所有要認知的，都應該給予教導。

(2)所教的任何事物，都要在日常生活中具有實用性，有確定
之用途。

(3)教學時要直截了當，不應過於晦澀難懂。

(4)所教之事物都要有其順序，不可教單一或者是不相連的事
物。

(5)所學習的事物都要解釋清楚。

三、對後世教育的影響

康美紐斯是最偉大的唯實教育家之一。他把唯實主義的感覺
理論融合並且應用在學校的教學方式與內容中。對後世教育影響
至大：

(一) 提出兒童教育學

認為兒童透過經驗與感覺來學習事物。因此發表了《世界圖
解》（*Orbis Pictus*）一書。使得圖文教材有極大發展。

(二) 泛智教育

他曾說過：「人要受教育才能成人。」對現今的普及教育以
及義務教育都有開導作用。教育的最終目標乃「教人成人」。

(三) 生活及教育

如同杜威所說：「學校即社會」「教育即生活」，學生可以將學校的學習，應用到未來的生活中，讓以後的生活更加幸福快樂。學習應該朝實際應用而非像中古世紀對古典文學的崇拜。

(四) 感官唯實論

康氏所提出的五到（眼到、耳到、鼻到、口到、膚到），對於後世的教育方式有極大啟示。用經驗與感覺去學習，可以提升專注力與學習效果。每個人也要為自己的所作所為負責任。強調自主與獨立的思考等。這對後世教育來說乃為一大進步。

參考書目

一、中文部分

1. 王連生（1980）。新西洋教育史。嘉義：紅豆。

2. 克伯萊（Cubberley, E. P.）著，楊亮功譯（1980）。西洋教育史。台北：協志工業。

3. 林玉体（1987）。西洋教育史。台北：文景。

4. 林玉体（2002）。西洋教育思想史。台北：三民。

5. 拉塞克（Shapour Rassekh）著，馬勝利等譯（1992）。教育發展的趨勢。台北：五南。

6. 科爾（Percival R. Cole）著，于熙儉譯（1969）。西洋教育思潮發達史。台北：台灣商務。

7. 格萊夫斯（F. P. Graves）著，吳康譯（1966）。中世教育史。台北：台灣商務。

8. 埃比（Frederick Eby）著，李正富譯（1965）。西洋近代教育史（下）。台北：國立編譯館。

9. 徐宗林、周愚文（1996）。教育史。台北：五南。

10. 徐宗林（2005）。西洋教育史。台北：五南。

11. 高廣孚（1992）。西洋教育思想，台北：五南。

12. 張欽盛（1986）。歐洲教育發達史。台北：金鼎。

13. 單中惠（1996）。西方教育思想史。太原：山西人民。

14. 黃雋（2005）。中外教育史。高雄：高雄復文。

15. 雷通群（1980）。西洋教育通史。台北：台灣商務。

16. 趙祥麟（1995）。外國教育家評傳。台北：桂冠。

17. 劉伯驥（1983）。西洋教育史。台北：台灣中華。

18. 鄭世興（1986）。近代中外教育家思想。台北：台灣書店。

19. 滕春興（2005）。西洋教育史講義。台北：文化大學。

二、英文部分

1. Butler, Nicholas M. (1892). *The Place of Comenius in the History of Education*. New York: C. W. Bardeen.

2. Adamson: Discontent of the Nobility with the Schools.

3. Grean: Cambridge Scheme of study of 1707.

4. Handbill: How the Scientific Studies began at Cambridge.

5. Locke: Plan for Working School for Poor Children.

6. Locke: Extracts from his Thoughts on Education.

7. Milton: The Aim and Purpose of Education.

8. Milton: His Program for Study.

9. Rabelais: On the Nature of Education.

參考網址

1. http: //en.wikipedia.org/wiki/Wolfgang_Ratke

第 **8** 章

啟蒙思想與教育

啟蒙的意義與影響

壹、啟蒙的意義

啟蒙時期（Age of the Enlightenment，西元一六八〇至一七八九年）代表著個人擺脫政治上、宗教上以及社會上桎梏人類思想與權力制度的枷鎖[1]。是人類在思想方面的一個轉捩點，代表著中世紀的結束，以及知識自由的現代方式之展現。故又稱之為「理性時代」或「哲學的世紀」。當時的啟蒙主義者注重理性，欲藉著理性促進社會發展，以建立一個理想的世界，故我們有時也稱「啟蒙主義者」為「理性主義者」。

> 「思想革命的頂峰是一個叫作啟蒙的運動。它大約於西元一六八〇年發生在英國，以後很快地傳到北歐大多數國家，並且在美洲發生了影響。但是啟蒙運動的最高表現是在法國，它真正重要的階段是在十八世紀。歷史上很少有別的運動像啟蒙運動那樣，對人的思想和行動發生如此深刻的影響。」
>
> ──（美）愛德華·麥克諾爾·伯恩斯、
> 菲利普·李·拉爾夫[2]

1　劉伯驥（1983）。西洋教育史。台北：台灣中華。頁248。
2　高九江（2000）。啟蒙推動下的歐洲文明。北京：華夏。頁2。

貳、啟蒙的影響

一、思想的影響

　　理性主義者將啟蒙訴諸於理性的原則，反對傳統與權威的束縛，其最大旨趣是極端的個人主義，將人類向上發展的社會機制，視之為個人天性的必然表現。

　　啟蒙運動將西元十七世紀的科學和思想革命的成果加以普遍化，同時也將自然律哲學加以廣泛地傳播。但它忽略了生活上全部的感情面，理性主義者努力從宗教的傳統信仰控制之中，決意解放人類的思想，並且從國家政治上的專制中解放個人[3]。

二、政經的影響

　　啟蒙運動是繼文藝復興之後，歐洲發生的第二次思想解放運動。啟蒙思想家把歐洲的封建制度比作漫長的黑夜，呼喚用理性的陽光以擊退現實的黑暗。他們集中力量，批判專制主義以及教權主義，主張消滅專制王權、貴族特權和階級制度，主張打倒天主教教會的世俗權威。他們所追求的是政治民主、權利平等和個人自由。

　　啟蒙運動在政治上產生了極其巨大的影響，啟蒙思想家們極

3　同註 1，頁 248。

力批判了封建專制制度以及天主教會，描繪了未來「理性王國」的最佳藍圖，為資產階級取得統治地位提供了思想上和理論上的基礎。啟蒙思想家們更共同吹響了法國大革命的號角，為即將到來的法國大革命奠定了充分的思想根基。

啟蒙運動中，有一個重要的貢獻是「科學的誕生和盛行」，它是由笛卡兒、培根所開始的。他們提出利用理性、經驗或科學，作為獲取知識的方法，在法國哲學家間達到巔峰。在現實的意義上，啟蒙運動實現了文藝復興和古希臘、古羅馬的人文主義的許多理想。

三、宗教的影響

啟蒙運動的另一個標誌，在於人們廣泛地要求宗教寬容。啟蒙時代開啟之際，歐洲的宗教組織多半表現出教會與國家之間的密切關係。統治者通常力圖確保其臣民只信奉一種信仰，是羅馬天主教，抑或是某個新教教派。在啟蒙運動結束之時，歐洲主要國家及美國都實行了寬容政策。使得各國不再把宗教迫害作為控制人民行為的唯一手段。

啟蒙運動繼承且發展了先前的文明，並將其更拓展到社會生活中的各個領域。於道德、宗教、哲學、政治、文化以及社會制度等方面，提出了一套較先前更為完整的理論思想體系，更創造出令後人讚嘆不已的教育文明、藝術文明、科學文明、政治文明、哲學文明與道德文明。

第二節
啟蒙時期的教育理論 [4]

壹、從理性到經驗

一、理性主義的代表：笛卡兒（Rene Descartes，西元一五九六至一六五○年）

　　笛卡兒是西方現代哲學思想的奠基者，他的哲學思想深深影響了之後的許多思想家，創立了「歐洲理性主義」（Continental Rationalism）的哲學觀。認為人類應該可以使用數學的方法，也就是理性，來進行哲學的思考。他相信，理性比感官的感受更為可靠。

　　笛卡兒第一步就主張要對每一件事情都進行懷疑，而不能信任我們的感官。從這裡他悟出了一個道理：他必須承認的一件事，就是他自己在懷疑。而當人在懷疑時，他必定也在思考，由此便引出了他的名言：「我思故我在（Cogito ergo sum）。」笛卡兒強調思想是不可懷疑的，這一點對此後的歐洲哲學產生了重要的影響 [5]。

4　徐宗林（1991）。西洋教育史。台北：五南。頁 363-373。
5　http://zh.wikipedia.org/w/index.php?title=％E7％AC％9B％E5％8D％A1%E5%85%92&variant=zh-tw

二、經驗主義的先驅：培根（Francis Bacon，西元一五六一 至一六二六年）[6]

培根認為對自然科學的理解和技術的控制是相輔相成，兩者都是運用科學方法所得到的成果。因此培根說：「促進科學和技術發展的新科學方法，首先要求的就是去尋找新的原理、新的操作程序和新的事實。這類原理和事實可在技術知識中找到，也可在實驗科學中找到。當我們理解了這些原理和知識以後，它們就會導致技術上和科學上的新應用。」

認為唯有藉著經驗觀察和充分蒐集相關資料，才能正確的判斷事情的真偽與否。又認為唯有透過科學的方法，人們才能獲得真正的知識。而其中真正的知識就是來自重視經驗、追求現實，以及講求證據所獲得的。

培根所認為的科學方法觀是以實驗和歸納為主。因此他採行「歸納法」，即建立在驗證之下以獲得知識，而在建立之時，我們更要透過感官的觀察藉以獲得經驗，接著再蒐集資料進行一系列的歸納，最後整理成法則。根據這一連串的步驟，藉此形成可靠的知識。

三、理性主義 V.S. 經驗主義

兩者觀點對立，然而我們並不能說兩者是完全無關聯的。事

6　黃雋（2005）。中外教育史。高雄：高雄復文。頁 217-218。

實上是先有笛卡兒對於知識獲取的懷疑；才有之後培根加以研究驗證而得到知識經驗的結果。因此我們可以說，笛卡兒的理性主義是具有承先啟後的地位，他承襲了柏拉圖對知識論的主張，開啟了之後培根等學者的經驗知識論。而培根的經驗主義，則得到了之後的許多思想家的青睞，於教育理論上，也就因此出現了經驗主義的教育論、自然主義的教育論、百科全書的教育論、公共教育的教育論以及泛愛學校的教育論等[7]。

貳、經驗主義

一、緣由

認為經驗是人的一切知識或觀念的唯一來源，片面地強調經驗或感性認識的作用和確實性。認為一切知識是源自於經驗，所以知識是後天而非先天，且加以否定蘇格拉底以來的「先天觀念」不學即知的學說。

經驗論是源自於古代希臘的伊比鳩魯學派（Epicureanism）強調經驗感覺的重要性。認為直接感覺是判斷是非善惡的基礎。在倫理道德上，判斷是建立在經驗的結果。使之能夠在經驗上獲得幸福快樂，也正是大家所共同追求的「善」[8]。

7　http://plato.stanford.edu/entries/rationalism-empiricism/
8　同註 6，頁 217。

二、教育的理念

代表人物：洛克（John Locke，西元一六三二至一七〇四年）。

認為知識必須經由感官而獲得，並將所得到的材料加以整理，進而形成概念，再轉為知識的基礎。主張人心如「白板」，一切知識都是後天或經驗的，沒有什麼天生的觀念，我們所有的知識，都是由經驗開始，並且以某種方式受到經驗的限制。強烈主張只有經驗才可以成為正確知識的保證。

洛克對心靈的主張是由外而內的注入，因為他認為內在是空的，所以反對蘇格拉底式由內而外引出（產婆法）的觀念。另外，他亦注重感官經驗的價值，並將其分為「內感官經驗」與「外感官經驗」：

(一) 內感官經驗

藉由反省、記憶、思考等經驗加以分辨、綜合、比較所得來的經驗法則。

(二) 外感官經驗

藉由眼、耳、口、鼻、手足等五種外在感官而得到經驗，其中以眼睛的視覺感官最富經驗價值。

重視紳士教育：認為須具備四個特質：德性、智慧、禮儀和學問。他認為，紳士需要具有事業家的知識，合乎他的行為的舉

止，同時要能按照自己的身分，使自己成為國內著名的和有益國家的人物，成為一個「有德性、有用且能幹」的人[9]。

洛克更將教育內容加以劃分為德育、智育以及體育三個部分，形成了一個完整的教育體系：

(一) 德育

為教育的目標，行德要靠理性，要依理行事，而理性就是要靠後天環境、教育力量的訓練所得來的。

(二) 智育

培養推理的心性與說理的習慣，推理是求知的門徑，說理是為了瞭解意義的最高指導原則，主張為學的方法是工具而非目的。

(三) 體育

認為過分安逸，會損害兒童的體質，而健全的心理是來自於健全的身體，因此從兒童時代開始就要展開對身體的鍛鍊。

三、對後世的影響

由於強調知識乃後天感官經驗的累積，在知識教導過程中強調感官接觸，在教育方法上強調經驗的累積、重複的訓練和記憶

9　同註 2，頁 189。

的強固。因為人心如白板，所以教育的功能就是要在人類如白板的心靈中，不斷的填充經驗知識、強化記憶，再以這些知識，擴充更多的經驗知識，不斷地累積、重複。

(一) 積極的影響

1. 兒童的經驗活動，諸如觀察、訪問、參觀以及應用身體活動等，受到教育家們注重。
2. 認識到了兒童應該及早給予教育的重要性。
3. 感官活動是形成經驗活動的初步階段，五官的各個作用，皆被認為具有教育的價值。
4. 培養的雖是傳統社會的紳士，但卻具有相當的教育價值。

(二) 洛克的理論引起某些學者的批評

1. 體育的訓練理論太苦了。
2. 人性如白板的經驗論，與人性先天有某些傾向及本質有所差異及矛盾。
3. 內感官的說法與人無先天觀念有所矛盾。

參、自然主義

一、緣由

主要源自文藝復興時期人文主義思想家對於「自然」的崇

敬。西元十七世紀時，偉大的思想家康美紐斯（Johann Amos Comenius，西元一五九二至一六七○年）將「適應自然」作為教育的指導原則，且加以闡述，致使「自然主義」的教育思潮逐漸成為教育的主流。西元十八世紀時，盧梭更進一步加以論述，建構了一個更為完整的教育理論體系。

自然主義論者認為，人是自然中的一部分，人的一切也受自然規律的支配著。認為自然是人的首位導師，事物是第二位，而第三位導師才是人。

二、教育的理念

代表人物：盧梭（Jean-Jacques Rousseau，西元一七一二至一七七八年）。

(一) 教育目的

認為教育的最終目的即是個人本性的自然發展，反對人為社會。認為來自造物主的所有事物都是善的，但只要經過人手，就會變成惡，因此所有的一切都必須依循自然的方式充分發展[10]。

---

10 張欽盛（1986）。歐洲教育發達史。台北：金鼎。頁 89。

(二) 教育過程：認為最好的過程即是自然人的發展與成長的
歷程。

(三) 教育的方法

1. 認為教學必須依循著兒童的自然天性，進行循序漸進的教
學。

2. 認為教育須適應兒童的天性以及需求。

3. 應該要先教好兒童成為一個好的動物，然後教好成為一個
人──自然人[11]。

4. 反對人為訓練的懲罰，主張自然的懲罰（natural punish-
ment）。

三、對後世的影響[12]

(一) 正面影響

1. 遵循自然而不是尋找自然的規律，是以自然規律作為依據
的準則，進而尋求教育、教學的原理以及原則。

2. 肯定兒童的價值，確立兒童在教育上的主體性。

3. 為教學理論奠定了扎實的基礎。

---

11 同註 4，頁 367。
12 同註 5。

(二) 缺點

1. 過分重視兒童的自然天性發展，忽略了後天的條件以及社會環境對於兒童教育的作用。

2. 過於理想化，只重視自然本性，而忽略了人的社會性。

肆、百科全書

一、緣由

經由狄特羅、阿姆貝特（Jean Le Rondd Alebert，西元一七一七至一七八三年）以及康底拉克（Etienne Bonnot de Condillac，西元一七一五至一七八四年）所共同撰寫的百科全書，此書概括了西元十八世紀啟蒙運動的精神，至今依舊是非常著名的一部百科全書。

二、教育的理念

代表人物：狄特羅（Denis Diderot，西元一七一三至一七八四年）[13]。

㈠對教育在人的發展中所產生的作用給予高度的評價，但他不認為教育是萬能的。

---

13 同註 6，頁 225。

㈡提倡世俗化教育。

㈢提倡智力平等，認為優良的素質並非僅是少數的貴族子弟所特有的。

㈣提倡人人皆有享受中等教育以及高等教育的權利。

㈤提倡實際教育以及科學教育，用以訓練學生的邏輯思維和創造能力。

㈥主張實行大學區制，並要求改革國家的教育制度，反對貴族對學校教育的壟斷。

㈦主張將學校從僧侶手中收回，並交由國家管理。

三、對後世的影響

㈠將基本的以及重要的知識，廣為流傳，讓知識的傳播變得更為普遍。

㈡使知識可以形成一個有秩序的集結體。

㈢使教育不再局限於人文學科的領域，諸如自然、道德、哲學、習俗、宗教等知識，皆應列入。

伍、公共教育

一、緣由

源自康美紐斯所提倡的「泛智教育」中的普及教育所影響。啟蒙時期，許多學者基於人道思想和自然中人人平等的觀念，使

他們體認到教育應該經由政府以公共的方式發展，認為唯有政府負責教育，才能解決當下的各項社會問題。

二、教育的理念

代表人物：康杜塞（Marquis de Condorcet，西元一七四三至一七九四年）。

㈠主張教育不應只是屬於少數的貴族子弟，而應該是經由政府以公共的方式發展[14]。

㈡認為舉凡事實真理、道德、宗教以及政治等，皆應列入教育內容。

㈢主張男女平等，皆應接受教育[15]。

㈣認為真正良好的教育應該是有助於個人品德、自由或平等的實現。

㈤認為國家實行公共教育的理由有下列三點[16]：

1. 身為社會的一分子，須具備一定限度的知識。

2. 人類的美化必須依靠教育才可徹底施行。

3. 教育可以開展每個公民的天賦才能。

三、對後世的影響

㈠使得世界各國對於公共教育更加重視。

---

14 高義展（2004）。教育史。台北：鼎茂。頁 311。

15 同註 4，頁 371。

16 洪祥（2005）。中西教育史。台北：鼎茂。頁 339。

㈡許多國家開始著手由政府控管教育。

㈢提供了更多樣化的教育內容。

㈣使得知識得以繼續傳承發展,且不再局限於少數貴族子
弟。

陸、泛愛學校

一、緣由

「泛愛學校」的原文 Philanthropinum,原意是「根據自然」
的意思。基於盧梭所撰寫《愛彌兒》(*Emil*)的影響,為了能夠
更加體現自然主義,泛愛學校就此誕生。

二、教育的理念

代表人物:巴斯道(Johann Bernard Basedow,西元一七二三
至一七九〇年)。

(一) 教育的方法

1. 採取順應自然的教育方式,並加以運用自然教學法進行教
學 [17]。

2. 將盧梭的自然教育加以付諸實現。

---

17 同註 14,頁 311。

3. 一切教育措施皆以兒童為本位。

(二) 教育的內容

1. 遊戲。
2. 性教育。
3. 男女同校。
4. 以自然交談法學習外國語文 [18]。
5. 兒童文學。
6. 康美紐斯的《世界圖解》。
7. 手工技藝。
8. 戶外教學。
9. 劍術、音樂、體育與舞蹈等課程。
10. 露營。

三、對後世的影響

㈠巴斯道的泛愛學校是德國啟蒙時期在教育上的傑出體現，他將盧梭的思想發揮得淋漓盡致。

㈡巴氏所創辦的《泛愛教育》雜誌，成為德國最早的刊物。

㈢其後，校友李特所著作的《格林童話集》更成為世界著名的兒童文學作品。這些可說是泛愛教育以及自然主義學說最直接的貢獻 [19]。

---

18 同註 16，頁 338。
19 林玉体（1988）。西洋教育史，台北：文景。頁 318。

啟蒙時期各國的教育發展

　　啟蒙運動最早發生於工業革命最發達的英國，而後蔓延至法國、德國與俄國，此外，荷蘭和比利時等國也都有所波及。其中，發生於法國的啟蒙運動聲勢最大，戰鬥性最強，影響最深遠，堪稱西歐各國啟蒙運動的典範。茲分別臚陳於下：

壹、英國

一、起因

　　英國是啟蒙運動的發源地，是各國啟蒙運動發展的開端，席捲歐洲各國，對於所屬殖民地——美國，在政治、經濟、教育上均有著相當的影響。

(一) 政治因素

　　由於光榮革命，頒布了《大憲章》與《權利法案》。

　　1. 《大憲章》的確實施行

　　(1)於西元一二一五年時就已頒布施行。

(2)保障民權及政治民主的基本大法 [20]→影響了《權利法案》
　　的產生。

(3)限制了君權，且擴大了人民的自由。

(4)標誌著現代英國政治體制的誕生 [21]。

2. 威廉、瑪莉共治時期的《權利法案》

(1)**緣由**

　　西元一六八九年威廉與瑪莉從荷蘭來英國接掌王位，上、下
兩院的代表哈利法克斯，一面向兩位君主獻上皇冠，一面向他們
獻上《權利法案》，以法律的角度根本地限制了國王的權利。

(2)**影響**

　　將英國人「天賦人權」、「法律高於國王」的思想徹底表
達，並使得傳統議會與王權的關係產生了根本性的變化，使得政
權不再是以往的「君主專制」政權，而是經由議會與國王雙方協
定的「君主立憲」政權。

3. 結論

　　從表面上看，並未造成重大的政治變動，畢竟西元十八世紀

---

20 陳奎憙、溫明麗（1996）。歐洲教育、文化記趣。台北：師大書苑。
　　頁 199。

21 陳樂民（2007）。歐洲文明的十五堂課。台北：五南。頁 138。

的英國政府，貴族色彩依舊相當顯著。但它最終確立了立憲制的
君主政體，使得英國重回發展的重心，且緩慢前進[22]。

(二) 經濟因素

1. 地理大發現

由於哥倫布發現新大陸，使得當時歐洲各國掀起一陣探險
熱，也因此發現許多未知地區，進而引發許多殖民統治的現象。

2. 科學革命

可追溯至哥白尼以及伽利略的時代，但其中最具代表性的人
物則是牛頓。他所研究出的萬有引力定律，在西元十七世紀帶來
了一場科學的革命。

牛頓不僅幫助人類樹立起了「理性主義」旗幟，更透過了自
身對於科學的實踐，溝通了人類五千年來一直無法跨越的「技
術」以及「科學」之間的鴻溝，更相對的開啟了工業革命的大門
[23]。

3. 工業革命

瓦特發明蒸汽機，解決了動力的問題，進而引發了歐洲社會

---

22 同註 21，頁 182。
23 大國崛起系列叢書編輯出版委員會（2007）。大國崛起：英國。台
   北：青林。頁 142。

的工業熱潮，使得人力不再是工業運作的唯一模式。加入了機器的運作，使得人力資源大為解放，產生了歷史性的突破。促使英國自此之後，得以一直領先於歐洲大陸將近百年的光景。

　　同時，工業革命也帶來了新興資產階級的興起，唯依舊有著貴族的成分在內，但其思維已逐漸開始資產階級化。在此同時，早期的無資產階級也開始出現了。因此我們可以說，工業革命不但改變了人的生活模式，也改變了社會結構的組成。

二、對教育的影響

(一) 教會教育

　　英國當時的教育受教會的影響極深，政府方面對於教育的參與度較不熱衷，因此多為教會負責辦理教育工作。教會教育推展的主要目的仍不乏推廣信仰，傳播教義。此一教會教育，仍以基督教較為普遍。

(二) 公共教育

　　其實一開始，英國的公共教育並不盛行，甚至遠落後於歐洲其他各國。直到西元十七世紀中葉，才逐漸有學者提出一系列的主張。其中以亞當史密斯為首，他認為：國家有需要控制教育，因為教育有機會提升人民的社經地位，進而使整個社會更趨穩定。

(三) 慈善教育

由於當時英國政府對教育的管制較不積極，又伴隨著許多啟蒙思想的萌芽，使得教育的推展多交由慈善團體、教會團體以及私人團體等負責。由於慈善團體對於當時的英國社會實行屬於較為普及的教育模式，因此使得教育能不受政府管制。再者因對象多為一般貧苦大眾，故更能深入基層百姓的生活之中。對於後世平民教育的普及，有著功不可沒的貢獻。

貳、美國

在啟蒙時期美國是屬於英國殖民地。對於當時所有發展正處於起步階段的美國而言，英國有著最直接的影響，又由於位置距離英國較遠，故發展的模式亦遠較歐洲各國來得自由許多。

一、起因

(一) 政治因素

1. 英國的殖民統治

基於當時處於他國殖民地的美國而言，許多政策很受所屬殖民政府的影響。然而，由於地緣距離較遠的緣故，美國雖受英國殖民色彩影響，但其思想及文化，仍較許多歐洲內陸國家自由。

2. 地方分權制

美國的地緣遼闊，殖民政府管轄不易，故多採地方分權管理。正由於如此，使得美國產生「不同地區有著不同文化色彩的特殊狀況」。也因此，使得美國制度與文化更加多元。

3. 聯邦政府的治理

基於上述的地方分權制的影響，使得美國產生了與其他國家截然不同的另一政治制度——聯邦政府。此一聯邦政府是將各個地方分權並加以統轄管制，使其雖然各有各的政治色彩，但卻依舊具有一定的準則，使整體不至於因此過於鬆散。

對於教育，聯邦政府曾於西元一七八五年及一七八七年先後通過土地資助法，並首次運用公款資助教育，但僅限於開辦農業與機器學院。雖然仍多有限制，但對美國的教育而言，已具有相當大的進步[24]。

(二) 經濟因素

1. 地理大發現

由於哥倫布的探險，使得美洲得以被發現，亦使美國能有嶄露頭角的機會。啟蒙時期的美國，在當時屬英國殖民統治時期，

---

24 梁建鋒（1997）。美國生活百科叢書——美國教育。香港：三聯。頁 3。

故於各方面受英國影響極深。但即便如此,仍努力的發展屬於自己的獨特文化特質,使得以後有其嶄新的一面。

2. 宗教的迫害

西元十七世紀時,居住於英國的清教徒以及喀爾文教徒,因受宗教迫害,而大批移居北美,並在美國新英格蘭區定居下來。他們的目的多半是為了追求宗教自由,因此教育背景十分良好,更由於他們有著堅定的宗教信仰且注重實際、富有民主精神。對於當時的美國教育的實施產生了極大的影響力[25]。

二、對教育的影響

(一) 教會教育

受英國宗教迫害的影響,來到美國的各教教徒,基於本身的宗教信仰以及完整的教育背景,使得他們對於一個新興地區的文化產生了興趣,因此積極的推動教育,並進而發揚其所屬宗教。促成教會教育的形成。

(二) 公共教育

傑佛遜為當時的主要推動者。他認為教育對於人民是占有非常重要的地位,並期望更進一步的建立具有包含:小學、中學以

---

25 同註 4,頁 379。

及大學之完整體系的教育制度。

(三) 〈獨立宣言〉

　　〈獨立宣言〉之產生，深受法國大革命以及歐洲各國啟蒙運動所產生的思想影響，更為之後美國獨立戰爭，以及日後的民主憲政奠定了基礎。對於美國往後的政治以及文化有著不容忽視的影響力。

(四) 著名學院的興起

　　由於所處的地理環境以及文化遠較歐洲內陸各國自由許多，使得當地的教育發展得以順利開展，且較不受限。現今許多著名學院，即由當時逐漸誕生，並因而有更廣大的發展。例如：哈佛、哥倫比亞、耶魯、布朗、威廉瑪莉以及普林斯頓大學與波士頓英式高中等，逐漸成立。由於當時社會的自由與開放，使得各校得以發展獨特的教育風格，也因此形成許多多元化的學風，更孕育了諸多優秀的精英。

參、法國

　　整個啟蒙運動的中心在法國。西元十八世紀時，法國資本主義發展程度較高，資產階級力量也較為強大。然而，法國又是歐洲大陸封建勢力的堡壘，專制主義、階級制度盛行。擁有雄厚經濟實力的資產階級，在政治上處於無權地位。是故資產階級強烈

要求政治民主、權利平等和個人自由。許多資產階級逐漸開始在思想文化領域裡對舊體制發起了猛烈的攻擊。

　　法國在西元十八世紀時，經過了路易十四這段時期的許多戰爭後，經濟受到重創。因此人們開始質疑君權神授說，並出現理性思考的思想家，其中法國以孟德斯鳩（Baron de Montesquieu，西元一六八九至一七五五年）、伏爾泰（Voltaire，西元一六九四至一七七八年）、盧梭等人最著名。

一、起因

(一) 經濟問題

　　當時西歐資本主義的發展，使許多資產階級壯大，掌握了日益雄厚的經濟實力。但是當時歐洲的主導力量依然是封建制度。是以教會嚴重阻礙資本主義的經濟發展。

(二) 人們的迷信與愚昧

　　封建主義之所以能夠長期統治人民，是因為人們愚昧的迷信特權、主權、神權等。因此破除迷信與批判封建社會，成為啟蒙運動的重要使命。

(三) 科學技術的進步

　　使理性學有了確切的依據，讓人們知道人類是可以不斷進步並且征服自然的。

(四) 理性的讚美

由於強調人的價值與權力的思潮日益興盛，逐漸形成以宣傳理性為主流的啟蒙運動。

二、對教育的影響

(一) 自我教育

自我教育是指拒絕來自別人給的填鴨式教育；而是自己有所啟發的成長。

(二) 理性

理性則是指將接收到的感性經驗，用理性的邏輯方式處理，以自我啟發。

(三) 拉開那法案的訂立

法國的天主教教會一向對教育權有著很大的影響力。在法國大革命之後，因為教育平等理念的散布，便開始了普及教育與教育公共化的建議。在拉開那法案中明確規定：居民一千人的地區，應該設立學校，並以法語、法文教授讀、寫、算、地理及自然科目 [26]。法國一直都有一些教育政策的推行，目的都是為了使

---

26 http://www.taiwannet.de/members/illumination01/illuminationandeast.
htm

教育能更國家化與普及化。

(四) 教育主張

1. 批判封建專制主義及教權主義。
2. 消滅階級制度、貴族特權與專制王權。
3. 打倒天主教會的權威，反對君權神授。
4. 追求個人的自由、平等的權利、政治的民主。

三、影響

㈠理性思潮澎湃，影響世界各個國家。連日本、中國都受到影響。

㈡大部分啟蒙時代的思想家，皆有提及有關創立民主與共和政體的思想，而這些主張也被之後美國〈獨立宣言〉和法國〈人權宣言〉所採用，因此美國的獨立與憲法的制定，都與啟蒙思想有密切的關係。

㈢在啟蒙運動之後，其原動力不再是宗教信仰，而是真正有根據的理性思潮。啟蒙運動最終導致了美國獨立運動以及法國大革命，使人類的社會體制開始由君主專制變為共和政體，令人民能享有真正的人權[27]。

---

27 http://tw.knowledge.yahoo.com/question/question?qid=1607100602399

肆、德國

德國因為地緣關係，啟蒙運動的發展深受法國影響，但並沒有完全受到法國啟蒙運動的支配。許多德國思想家揉和帝國文化傳統和啟蒙思想，宣揚個人的理想主義，確立感性與理性及主觀與客觀互不侵犯的規範，以精神文化對照西歐物質文化，奠定近代德國民族主義的基礎。德國的啟蒙運動晚於英、法兩國，所以，其強調的層面也不盡相同。

啟蒙的德文叫「Aufklarung」，德國哲學家康德曾表示：「啟蒙是人類自不成熟狀態中自我解放，這種不成熟狀態卻也是人類自己造成的。……勇敢的為自己的理性負責吧。」[28]

一、起因

康德認為啟蒙是指：「人能以理性不斷的自我教育與成長。」這個定義的特點有二方面：

- 對自我教育：不是單方面的接受教育，而是以自我啟發的方式成長。
- 理性：把從外界得來的感性經驗，自行加以邏輯理性的整理，藉著這種方式不斷的自我成長。

---

28 周惠民（2003）。德國史：中歐強權的起伏＝ Germany。台北：三民。頁 92。

(一) 思想特色

1. 宗教化、道德化。
2. 肯定人的價值。
3. 承認宗教信仰的意義 。

(二) 思想表現

1. 理性主義的哲學 → 代表人物：哲學家康德。
2. 宗教上的容忍 → 承認宗教的價值。
3. 開明專制的理想 → 推行專制主義。
   (1)開明專制：人民希望政府能給人民管理政府的權利，但並非是要推人民出來作主，而是讓政府有為民服務的機會。
   (2)專制主義：推行一種啟蒙思想的改革政策。是用嚴謹的態度把專制的政府改革和啟蒙思想作結合，但仍為專制君主，這就是他們改革思想的界線。唯開明專制是理想而已。

(三) 思想矛盾

　　一開始，偏離理性主義，而以經驗主義、感覺主義為其重要的思想。之後，一方面受理性主義的支配，另一方面又受經驗主義和感覺主義的影響，而產生矛盾。亦即：
1. 邏輯的認識與切身的體驗的予盾。

2.共同利益與個人滿足的予盾。

因為有這些矛盾貫穿整個啟蒙運動，讓許多思想有了相互刺激的機會，一方面，使得宗教思想與新自然科學產生矛盾；另一方面，人性尊嚴和批判精神成為啟蒙思想的核心。因此，啟蒙思想的矛盾，成為推動西元十八世紀啟蒙運動不斷向前的動力。

二、對教育的影響

㈠德國啟蒙思想家認為功利及天真進步的信念，透過理智的
　教育便可實現人間天堂的境界。

㈡在閃耀光輝的教育樂觀主義下，可以盡力發展人性善良的
　信念。例如：

1.巴斯道創設泛愛學校

　(1)宣揚仁愛思想且以自然教育理論的實施為主。一方面採
　　取實用和唯實的教育為主；一方面重視德語的學習，把
　　德語文加入學習的科目中。

　(2)以德文、德語、數學、歷史、地理和拉丁語文教學。並
　　重視手工藝教學和戶外教學的活動。

　(3)帶學生一起到戶外去搭帳棚露營，使學生有親近大自然
　　的機會，進而從自行的觀察中，去認識自然且獲取更多
　　知識。

2.腓特烈‧威廉二世（Frederick Willman II，西元一七八六至
　一七九七年）奠立國民教育的基礎

　(1)腓特烈‧威廉二世繼承腓特烈‧威廉一世的遺志，致力

於教育推展。海克爾協助腓特烈‧威廉二世，制定年滿五歲至十四歲的兒童須接受強迫教育的制度。

(2)西元一七八七年，腓特烈‧威廉二世規定，中學畢業生須參加畢業考試，及格後才能進入大學就讀，使得教育又往前推進一步且更加完善。

三、結論

㈠德國文化與啟蒙思想結合為德國理想主義，影響西元十九世紀的浪漫主義。

㈡啟蒙思想雖然是全歐洲的運動，但因所在地區性不同，以及各在不同文化的影響下，會顯現出不同的特質。

㈢因為德國的工業和經濟與法國不盡相同，因此德國地區並沒有完全受到法國啟蒙運動所支配。

㈣自西元十七世紀以來，許多德國思想家，如康德[29]，揉和了帝國文化傳統和啟蒙思想，宣揚個人的理想主義，確立感性與理性及主觀與客觀互不侵犯的規範，以精神文化對照西歐物質文化，也因此奠定了近代德國民族主義的基礎。

---

29 同註 28，頁 93。

啟蒙時期的教育思想家

　　在西洋教育史中，最不容忽視的就是各國的教育家。他們傳播思想，帶來了教育的擴展。以下我們僅就前一節所提及的國家各舉一位教育家，加以介紹。在歷史上，他們不單單只是教育家，而是對啟蒙有著承先啟後的貢獻，也因此為後世帶來了深遠的影響。

壹、盧梭（Jean-Jacques Rousseau，西元一七一二至一七七八年）

一、生平事蹟

　　瑞士裔的法國人，出生於日內瓦，自小家境貧寒。父親身兼鐘錶匠及舞蹈教師兩種職業，母親則在其嬰兒時代就死亡了，是由姑姑一手帶大的。而盧梭所受的教育是正統的喀爾文信徒式的教育。

　　盧梭七歲時已學會閱讀一些文學和歷史書籍，其中普魯塔克（Plutarch）的《傳記集》對他的影響最大。這也是後來使他養成自由和民主的精神，以及高傲不受屈辱的性格的重要因素。

盧梭在青少年時期當過很多行業的學徒，但是每樣都不感興趣。十六歲的時候因為被通緝而流亡各地。

二、教育思想

(一) 自然主義學說

西元十八世紀中葉以前的教育，一言以蔽之，大部分極其虛偽。譬如：儘管是小孩子，在情態、說話、穿衣、行動及思維方面都要模仿成人的模式。盧梭既然反對政治宗教的形成主張；則對於教育的形式主義，也就不能置之不問了。人所接受的教育，可分為三種來源：一為自然，二為人，三為事務。此三者調和的教育，乃為最好的教育。但此三者之中，後兩者固然可以相當的控制，而前者卻不能；所以必須使後二者的教育隸屬於前者之下，才可期盼其日趨於調和。

(二) 教育的目的

要達到「順應自然」。盧梭所主張的順應自然的教育，又包含所謂消極的教育涵義在內，他認為兒童最早受的教育，乃是消極教育。

1. 積極教育

指在兒童的心靈還尚未成熟之前，就要兒童明白各種屬於成人職責的教育。

2. 消極教育

　　沒有事先直接和兒童談智識、講道理，只圖兒童感官得以完全的發達，只為求知明理的工具的教育。消極教育只想引導兒童走上一條正當的道路，具有各種敏銳活潑的知覺，一到適當的年齡，兒童自然就會明白道理，瞭解真理。

(三) 教育的方法：須遵守下列自然的原則

1. 自然給予兒童活動的一切力量，是以無害為度。我們必須允許兒童充分使用屬於他的自然活力，不必因憂慮他會誤用，而加以阻止。
2. 兒童於智慧或力氣上，想滿足的需求，有所不夠的時候，我們應予以輔助。
3. 我們輔助兒童時，必須限於有益的事情。切勿對兒童偶然想到的或不合理的要求，隨意允許。須瞭解兒童一時或偶然所想到的，並非自然的要求，我們應予以拒絕。
4. 我們必須留心研究兒童的言語及活動，便可明白他的要求，是自然所賦予的？還是一時偶然的？而後再分別教導。

(四) 對女子教育的主張 [30]

1. 盧梭對於男子主張實施自由的個人主義教育，但對於女子

---

30 李瑋（2000）。盧梭：開創新時代的巨人。台北：婦女與生活社。頁 219-222。

則主張一種高壓的奴從主義教育。矛盾之甚令人不可思議，他認為：女子的重要，旨在要像一位女子，使男子喜悅。

2. 女子教育方面，主張女子從小就要去習慣忍耐、受氣。認識束縛為女子必然的命運，如想違反，痛苦將會更加深切。女子要養成可以吸引男人喜愛的魔力卻依舊非常卑順，同時還要能透澈瞭解男子的心理。

(五) 著作：《愛彌兒》（*Emile*）

此書分為五卷，前四卷關於愛彌兒本身的教育，後一卷則是敘述愛彌兒對未來的妻子蘇菲的教育，換言之，前四卷是施於男子的教育，假托於愛彌兒；最後一卷是施於女子的教育，假托於蘇菲。

盧梭看兩性的差別，似乎是自然的不平等。所以女子的教育，是為了要做男子的妻子，而所受的教育，不能和男子教育混為一談。

盧梭將教育看成一種過程，故將每一年齡階段都看得相當重要。在成長過程中，他將其分成幾個段落加以敘述，每一段落都有生理及心理上的特徵。其分法較有學理依據，彈性也較大。

在書中，盧梭將愛彌兒分成下列的幾個階段：

1. 嬰兒期（○至二歲）

以會說話為分界線。父親是天然的教師，母親是天然的護

士，但母親較為重要。母親應自己教養孩子。本期最重要的工作是注意保健，以自然為原則，讓嬰兒儘量活動，不要妨礙。不要包裹太多衣服。最好居住於鄉村。

2. 兒童期（三至十二歲）

以感官發展為主，不要進行知識及道德方面的灌輸。認為「兒童期是理性睡覺期」。實物及感官的教學與自然懲罰最適合此期的教育。「遊玩」是兒童的生命。身體鍛鍊持續進行。

3. 青年前期（十二至十五歲）

心理特徵是好奇，生理特徵是精力旺盛。學童形同「雄鹿」。是勞動、學習及研究的適當時期。「自我發現科學」，問一些適合其能力的問題，讓他們自己解決。善用他們的好奇心，為了要學習及發洩精力，必須學習手工。手工教育是手腦並用的教育，是一技之長的教育。在學習手工的過程之中，教師應與學生一同工作。十五歲之前不應有書，如真的非有不可的話，只要有《魯賓遜》一書即可。

4. 青年期（十五至二十歲）

正式教育的開始。因理性從此期開始自然地運作，故可從事知識、道德及宗教的學習。另外，性教育及異性朋友的交誼也應開始展開。十五歲之前「自我」的生活，十五歲之後應體認到還有群居的生活建立群體觀念。宗教教育方面不是某個特定的宗

教,而是要他善於運用理性從事信仰的選擇。再者,培養同情心:讓學生參觀一些醫院、養老院、貧民窟、監獄等處所,使之能同情他人不幸的處境。並研讀歷史人物、傳記及文學作品,以擴大其人際關係。

三、對後世的影響茲臚陳於下

(一) 兒童本位的運動

近代教育的實施,不論在目標、教材、方法、設備、管理以及行政組織上,都能看到兒童自身的人格和地位,強調因應兒童自身的需要與能力,不再把兒童看作是一個無知無能的東西,或成人的縮影,此謂兒童本位的運動。

(二) 兒童研究的運動

今日的兒童研究,因於科學的進步和方法的完善,都比盧梭時代進步許多。在教育上,如課程的編制、教學方法的應用等問題,兒童研究都有顯著的革新。

(三) 人本教育的運動

傳統的西學教育學者根據自己的研究,總以為人的天性是惡的,教育不但不能再發展天性,而是要改變天性,甚至是剷除天性才對。譬如兒童天性好動,教育便要使之少動。他們總是將教育看成應用外力施於兒童的工作。盧梭則不然,他認為人類的天

性本是善良的，也是有能力的，認為教育必須根據人的天性，以天性作為出發點方能成功。他認為教育只是自內向外的發展，絕不是自外向內的壓迫。譬如兒童的好奇心和興趣，便可引發研究學問的動機。

(四) 科學教育的運動

盧梭一方面排斥社會上既有的種種制度，主張幼年兒童，不必多和社會接觸，不必多讀書本；另一方面在課程中，卻又注重應用外界的物體，力求引導兒童多對自然界做詳細研究和實地觀察，以求能見前人所未見。

(五) 勞作教育的運動

盧梭是引發這種思想的第一人。第一層，盧梭看智育的發展，頗有賴於勞作。盧梭以為一切知識，若由成人完全向兒童解說，將使兒童不費什麼心思和時間就會明白，不過這是使兒童永久只做接受，進而成為知識的奴隸，不能做創造新知的主人。第二層，盧梭看勞作和社會問題的關係，也是極為密切的。第三層，盧梭闡明勞作和個人品格的關係更深。

(六) 泛愛教育的運動

其中最根本的信條便是盧梭所說的「順應自然」。對於兒童的本能和興趣，他總是引向正道發展，絕不施加以壓力。以兒童的角度去對待兒童，於教學科目上注重自然、勞作及體育，教法

上則注重實務觀察和語言會話。

貳、洛克（John Locke，西元一六三二至一七〇四年）

一、生平事蹟

　　英國哲學家、經驗主義的大師。同時也是第一個全面闡述憲政民主思想的人，在哲學以及政治領域都有著重要的影響。洛克於西元一六三二年出生於英國，從小受到嚴格的教育。清教徒的父親在內戰期間曾為議會軍隊而戰。

　　西元一六五八年獲得碩士學位。後來他還擔任過牛津大學的希臘語和哲學老師。他繼承古典文學及思想，像是自己存在、神存在、數學是真理等。但是他的學說與前輩們的學說還是有所不同。旨趣總是在於說：真理難明，一個明白道理的人是抱著幾分懷疑和主張己見的等。這種精神氣質顯然和宗教寬容、議會民主政治的成功、自由放任主義以及自由主義的整個準則都有著連帶的關係。儘管洛克是一個虛心的人、一個信仰啟示為知識根源的熱誠基督教信徒，他仍舊給啟示加上一重理性的保證。有一回他說：「僅有啟示的證據，便擁有最高的確實性。」但是他又說：「啟示必須由理性裁斷。」因此，理性終究還是高於一切。

二、教育思想

(一) 教育方法

1. 家庭教師制度（tutorial system）

不信任學校，認為家庭教師制度才是培養紳士最佳的途徑。主張慎選家庭教師。至於一般平民，則認為不必受教育，只要受學徒訓練即可。

2. 注入式的教學法

洛克以科學的方法討論人性，認為人性如白板（tabula rasa）、如白紙，並未具備公正、道德、原罪等的先天觀念。認為一個人的知識、觀念及價值觀都是經由與外界事物的接觸及人們的感官經驗所得來，故教學並非蘇格拉底式由內往外發展的先天觀念之引導或啟發的過程，而是由外往內的注入（instill）或灌輸（indoctrination），注入或灌輸愈多，知識也就愈多。對教育的功能十分樂觀，認為小孩的心智是可以隨意轉向這方或那方的，正如水一樣。他的學說十分強調後天的經驗，故又被稱為「經驗主義」（empiricism）。

3. 感官記憶及推理的訓練

感官印象是學習的基礎，教育應先發展兒童的感官，感官所

獲得的知識必須加以記憶。此外，推理能力也是智育的目標之一，有了推理能力，就可以舉一反三，知識的領域也能不斷的擴展。

(二) 形式訓練論學說的影響

1. 原本因科學知識發展，而要遭到淘汰的經院哲學等宗教科目，有了防衛的說辭。他們認為宗教課程可以施與道德、精神、心智及體育等方面的訓練，經院哲學的寺院派可提供道德訓練，武士精神則提供社會及體能訓練。

2. 人文主義所倡導的古典語文學習亦因形式訓練說有了存在的價值。在古典語文中，如拉丁文或希臘文，雖失去實用價值，但卻是訓練心智的最佳工具。經由古典文學所獲得的記憶及推理能力可轉移至其他課程的學習。古典語文既然已具有了訓練的價值，故更不應偏廢。此項理論使傳統的拉丁文中等教育得以繼續維持，最明顯的證據是牛津大學直至西元一八三〇年以前的入學考試科目仍是古典語文及數學。

3. 教育萬能：感官及心智能力訓練說強調後天經驗，完全排除了先天的因素，使教育具有最高的價值。當時教育界充滿了一片樂觀的氣氛，認為經由注入式及灌輸式的教育，將可以任意改造受教者，故當時「教育萬能」的口號十分流行。

(三) 反對體罰

1. 原則

(1)先屈服兒童心志。

(2)建立教導者權威。

(3)保持莊嚴肅穆的氣氛。

(4)帶有仁慈之心。

2. 免除體罰的方法

(1)提供有用的教材、改善教法。

(2)充分認識學生心理的發展。

(3)唯有倔強與任性才需要受罰。

(4)著作：《人類悟性論》（*An Essay Concerning Human Understanding*）。

在西元一六九〇年發表。晚年的洛克將大部分的精力都投注在《人類悟性論》這部書上，不過此時也認識了包括艾薩克・牛頓在內的幾位科學家。

在《人類悟性論》一書中，洛克批評了宣稱人生下來便帶有內在思想的哲學理論，他主張人所經歷過的感覺和經驗才是形塑思想的主要來源。由於他在這方面的理論，洛克也因此被歸類為經驗主義者，而非他的批評者萊布尼茲（Gottfried Wilhelm Leibiz）等人所信奉的理性主義。《人類悟性論》的第二卷提出了

洛克對於思想的理論，他區分出了被動取得的簡單思想——例如「紅色」、「甜美」、「圓形」等，與主動架構起來的複雜思想——例如「數字」、「因果關係」、「抽象」、「實體觀念」、「本體」，以及「差異性概念」等。洛克也區分了物體既有的主要特質——例如「形狀」、「動作」、和「長寬高」等，以及次要特質——亦即「在我們體內產生不同感覺的能力」，例如讓我們感覺到「紅色」或「甜美」的能力。洛克主張次要特質是取決於主要特質的。在第二卷中洛克也討論到了人的本體以及人的思想，他在此處所提出的理論直到今天都還有所爭議。第三卷中主要討論語言，第四卷則討論知識，包括了直覺知識、數學、道德哲學、自然科學，以及信仰和輿論等 [31]。

《人類悟性論》中所表現的洛克哲學，整體上有某種優點，也有某種缺點。優點和缺點同樣都很有用。

三、對後世的影響

洛克在哲學和政治界造成了極大的影響，尤其是自由主義的發展。因此現代的自由主義論者也將洛克視為其理論的奠基者之一。洛克對於伏爾泰的思想有著極大的影響力，而他在對於自由和社會契約上的理論也影響了後來的美國總統傑佛遜以及其他許許多多的美國開國元勳。洛克的理論更激勵了後來的美國獨立革

---

31 http://zh.wikipedia.org/w/index.php?title=%E6%B4%9B%E5%85%8B&variant=zh-tw#.E3.80.8A.E4.BA.BA.E9.A1.9E.E7.90.86.E8.A7.A3.E8.AB.96.E3.80.8B

命與法國大革命。

　　洛克在知識論上也有著極大貢獻，他提出了「主觀性」──
或稱之為「自我」的定義，許多歷史學家認為洛克的《人類悟性
論》一書更是現代哲學中有關自我概念的奠基者[32]。

參、康德（Immanuel Kant，西元一七二四至一八〇四年）

一、生平事蹟

　　德國人，生於康尼斯堡（Konigsberg），為一馬鞍匠之子。
幼年家境不寬裕，自幼即受基督教虔誠派精神（Pietistic Christianity）的薰陶，這對康德日後的宗教信仰及嚴肅的道德生活與學說
有非常大的影響。

　　康德在講演中和華而納（Wollner）牧師爭辯宗教哲學，此事
頗有流傳。在會議室中，華而納嚴厲的指責康德貶抑並扭曲《聖
經》與基督教的基本學說。康德雖然為自己的見解辯護，但也接
受命令，停止有關宗教哲學的講演。

---

32 Seigel, Jerrold. E. (2005). *The Idea of the Self: Thought and Experience in Western Europe since the Seventeenth Century*. New York: Cambridge University Press.

Charles Taylor. (1989). *Sources of the Self: The Making of Modern Identity*. Cambridge: Cambridge University Press.

二、教育思想

(一) 主要思想

1. 人是必須受教育的動物 [33]

   (1)康德的教育，指的是照顧、訓練、指導及教養。

   (2)分成嬰兒、門徒、學徒三個階段。

2. 教育的理想在於發展人的全部本性 [34]

   將造物者賦予的天性、人的善引導出來，引向天命的實現，康德認為天命是善。

3. 法律強制的自由和自由

   教導人不應影響別人自由，給予限制的權力；培養使用強制的權力，便無須顧慮他人對自身的防範 [35]。

(二) 對教育的看法

認為人是可以被訓練的，可以改變一個人的性格、行為。在這種基準下，教育成為有意義的活動。

1. 教育除了依靠指導和機械式的教法外，仍須有一個完善的教育制度，康德認為應先建立實驗學校，再成立正規學校 [36]。

---

33 黃振華（2005）。論康德哲學。台北：時英。頁 390。

34 同註 33，頁 390。

35 同註 33，頁 397。

36 Kant, Immanuel. (1995). Uber Padagogik. England: Thoemmes Press. IX, S.441.

2. 消極和積極的教養方式：訓練是為了預防錯誤的發生，是為了學校教育而設的；積極的指導和領導，是為了培養為人、過生活而設[37]。

3. 家庭教育和公開教育：康德認為良好的教育應將兩者聯合起來，兼具道德教養和指導的功能，讓兒童免於受到不同標準的規範，而產生混淆。

4. 體育訓練的教育：遊戲的目的包含在遊戲之中，主要是過程而不是外在形式。

5. 教育最終的目的在培養獨立思考能力。

(三) 對教育的四大要求 [38]

1. 陶冶：人必須接受訓練，以抑制野蠻。

2. 培育：人必須接受培育（包含指導與教學），以培養適合環境的技能。

3. 薰陶：人必須接受文明的生活。

4. 道德：人必須重視「發揚德性」。

康德常對學生說：「我不是教給你們哲學（philosophy），而是教給你們如何作哲學思考（Philosophizing）。」

康德的教育哲學主張：「人是唯一必須受教育的造物。」康德認為教育的理想是在發展人的全部本性，以實現「善」。康德的性善論認為人天性即有善的種子，但必須透過教育來使它成

---

37 同註 36。
38 同註 4，頁 397-398。

長，由於提升道德具有相當的難度，所以教育是一門必須深思熟慮、多加研究的學問。

(四) 美學與道德

源自純粹理性批判類比的運用。如數學方程式兩邊的對等關係，推論於經驗的應用，看見地上潮濕，認為下過雨。擴大判斷範圍，所謂判斷，先由普遍者的認識活動，便為判斷力。把特殊事物尋求其普遍，及為反省的判斷。例如不是先有美的概念，而判斷某一對象為美；是先有特殊對象，再經由判斷力尋找美的概念和結合 [39]。透過反省類比的普遍觀念，理性的概念間接的與感性質觀相結合，進而表現在感性的世界裡，例如善及自由的概念。

1. 優美

自由的美——人在觀賞花時，從無關心花的本身是什麼，就是純粹的美。

附屬的美——人的存在以至善為目的，這目的和人的存在又不可分，如捨去則美感無法產生；又如馬的存在為其功能，如捨棄美感亦無法產生。

2. 壯美

道德律打倒人的愛好慾望，破除最後自傲的障礙，人對道德

---

39 同註 33，頁 410。

律就會產生無限的尊敬，相伴產生謙虛的情感。康德發現如果人
堅持道德規律，任何犧牲在所不惜，謙卑會產生變化，行為律和
道德律產生一致，這時謙卑之情轉變為崇高之感，道德行為產
生，即是最高的善，因此產生無限的意義，透過反省的類比，產
生情感的壯美之感[40]。其中壯美又分為兩類：

(1)數學的壯美：由量的表現方式，產生的感覺。

(2)力的壯美：力學的表現方式，如自然中的閃電、具有摧毀
力量的火山、波濤洶湧的海洋。

三、對後世的影響

康德對於哲學的批判，不但在德國地區，甚至在整個歐陸地
區的學術界，造成了極大的影響。許多學者對於康德的哲學態度
也不一致，不是贊成就是反對，不然就是各述己見，加以參雜。
雖然充滿了各式各樣不同的聲音，但這些都可以算是批判哲學所
產生的反動，更造成日後德國觀念主義的輝煌時代。

肆、傑佛遜（Thomas Jefferson，西元一七四三至一八二六年）

「人們長期以來被剝奪了自治的福祉，現在，就要
完全看我們自己如何在安泰與和諧中享受這些福祉：用

---

40 同註32，頁416-418。

實例表明，人類具有充分的理性管理人類事務，以及多數人的意志、每個社會的自然規律，乃是人類權力唯一的可靠監督者。」

——傑佛遜

一、生平事蹟

對於一般人來說，傑佛遜是一位哲人，而非美國總統。他讓人們為之崇敬，更被後世譽為美國的傑出啟蒙思想家、民主傳統的奠基者、宗教自由和美國基本觀念的代言人。

在三十九歲的時候，便起草了〈獨立宣言〉（見附錄一），使他獲得了不朽的聲譽。在宣言中，他發揚了洛克對自然權力的學說，賦予它濃厚的民主主義色彩。更以此為基礎，進一步發揮了人權的思想，驗證以及充分發揮了人民對革命權力的思想。而這也正是傑佛遜民主思想的精華所在。

二、教育思想

(一) 古典自由主義

1. 早期的自由主義，從啟蒙時代開始直到米勒（John Stuart Mill）為止的自由主義。
2. 強調個人的權利、私有財產，並主張自由放任的經濟政策，通常被視為由於工業革命和隨後的資本主義體制而產

生的一種意識形態。

(二) 公共教育

受歐洲啟蒙運動當中人道思想、天賦人權、自由、平等觀念的影響，再加上他對共和政治制度的偏愛，使他得以在西元一七七九年時於維吉尼亞州立法，期望建立一個包括小學、中學、大學完整的公立學校制度。他希望教育不要再受宗教團體——教會的影響 [41]。

(三) 維吉尼亞大學創辦人

年輕時，他曾致力於維吉尼亞州公共教育制度的改革，之後他又盡力的改善威廉瑪莉學院，最後他相信維吉尼亞需要一所全新的大學。因此晚年，當他重回維吉尼亞時，他便不斷的努力籌建維吉尼亞大學。從學校的創立到課程的安排以及教師的遴選，全部都是他一手包辦，不假手他人。

---

41 同註 4，頁 379-380。

三、對後世的影響

(一) 傑佛遜任內因崇尚重農主義、個人自由、有限政府，以及共和主義，激勵了美國人對自身身分的認同。

(二) 〈獨立宣言〉

　　〈獨立宣言〉中的內容包含許多美國開國元勳的基本理念，其中有許多部分於日後更獲編入美國憲法之中。西元一八四八年賽尼卡福爾斯的〈感性宣言〉亦以此為基礎。之後諸如越南與羅德西亞等國家的〈獨立宣言〉皆以此為根據。在美國，〈獨立宣言〉的內容經常被日後政治性演說所引用，如林肯的蓋茨堡演說，以及金恩博士的著名演說〈我有一個夢想〉等。

　　〈獨立宣言〉也激勵了相關的人權以及公民權的宣言，如法國大革命中的〈人權宣言〉（見附錄三）即是源自於此，同時也被美國六〇年代的民權運動所加以引用。

伍、附錄

一、美國〈獨立宣言〉[42]

---

[42] http://www.allamericanpatriots.com/m-wfsection+article+articleid-52.html

In Congress, July 4, 1776,

THE UNANIMOUS DECLARATION OF THE THIRTEEN UNITED STATES OF AMERICA

When in the Course of human events, it becomes necessary for one people to dissolve the political bands which have connected them with another, and to assume among the Powers of the earth, the separate and equal station to which the Laws of Nature and of Nature's God entitle them, a decent respect to the opinions of mankind requires that they should declare the causes which impel them to the separation.

We hold these truths to be self-evident, that all men are created equal, that they are endowed by their Creator with certain unalienable Rights, that among these are Life, Liberty, and the pursuit of Happiness.

That to secure these rights, Governments are instituted among Men, deriving their just powers from the consent of the governed.

That whenever any Form of Government becomes destructive of these ends, it is the Right of the People to alter or to abolish it, and to institute new Government, laying its foundation on such principles and organizing its powers in such form, as to them shall seem most likely to effect their Safety and Happiness. Prudence, indeed, will dictate that Governments long established should not be changed for light and transient causes; and accordingly all experience hath shown, that mankind are more disposed to suffer, while evils are sufferable, than to right themselves by abolishing the forms to which they are accustomed. But when a long train of abuses and usurpations, pursuing invariably the same Object, evinces a design to reduce them under absolute Despotism, it is their right, it is their duty, to throw off such Government, and to provide new Guards for their future security.

Such has been the patient sufferance of these Colonies; and such is now the necessity which constrains them to alter their former Systems of Government. The history of the present King of Great Britain is a history of repeated injuries and usurpations, all having in direct object the establishment of an absolute Tyranny over these States. To prove this, let Facts be submitted to a candid world.

He has refused his Assent to Laws, the most wholesome and necessary for the public good.

He has forbidden his Governors to pass Laws of immediate and pressing importance, unless suspended in their operation till his Assent should be obtained; and when so suspended, he has utterly neglected to attend to them.

He has refused to pass other Laws for the accommodation of large districts of people, unless those people would relinquish the right of Representation in the Legislature, a right inestimable to them and formidable to tyrants only.

He has called together legislative bodies at places unusual, uncomfortable, and distant from the depository of their public Records, for the sole purpose of fatiguing them into compliance with his measures.

He has dissolved Representative Houses repeatedly, for opposing with manly firmness his invasions on the rights of the people.

He has refused for a long time, after such dissolutions, to cause others to be elected; whereby the Legislative powers, incapable of Annihilation, have returned to the People at large for their exercise; the State remaining in the mean time exposed to all the dangers of invasion from without, and convulsions within.

He has endeavored to prevent the population of these States; for that purpose obstructing the Laws for Naturalization of Foreigners; refusing to pass others to encourage their migrations hither, and raising the conditions of new Appropriations of Lands.

He has obstructed the Administration of Justice, by refusing his Assent to Laws for establishing Judiciary powers.

He has made Judges dependent on his Will alone, for the tenure of their offices, and the amount and payment of their salaries.

He has erected a multitude of New Offices, and sent hither swarms of Officers to harass our People, and eat out their substance.

He has kept among us, in times of peace, Standing Armies without the Consent of our legislatures.

He has affected to render the Military independent of and superior to the Civil power.

He has combined with others to subject us to a jurisdiction foreign to our constitution, and unacknowledged by our laws; giving his Assent to their Acts of pretended Legislation:

For quartering large bodies of armed troops among us:

For protecting them, by a mock Trial, from Punishment for any Murders which they should commit on the Inhabitants of these States:

For cutting off our Trade with all parts of the world:

For imposing Taxes on us without our Consent:

For depriving us in many cases, of the benefits of Trial by Jury:

For transporting us beyond Seas to be tried for pretended offences:

For abolishing the free System of English Laws in a neighbouring Province, establishing therein an Arbitrary government, and enlarging its Boundaries so as to render it at once an example and fit instrument for introducing the same absolute rule into t hese Colonies:

For taking away our Charters, abolishing our most valuable Laws, and altering fundamentally the Forms of our Governments:

For suspending our own Legislatures, and declaring themselves invested with power to legislate for us in all cases whatsoever.

He has abdicated Government here, by declaring us out of his Protection and waging War against us.

He has plundered our seas, ravaged our Coasts, burnt our towns, and destroyed the Lives of our people.

He is at this time transporting large armies of foreign Mercenaries to compleat the works of death, desolation and tyranny, already begun with circumstances of Cruelty & perfidy scarcely paralleled in the most barbarous ages, and totally unworthy the Head of a civilized nation.

He has constrained our fellow Citizens taken Captive on the high Seas to bear Arms against their Country, to become the executioners of their friends and Brethren, or to fall themselves by their Hands.

He has excited domestic insurrections amongst us, and has endeavoured to bring on the inhabitants of our frontiers, the merciless Indian Savages, whose known rule of warfare, is an undistinguished destruction of all ages, sexes and conditions.

In every stage of these Oppressions We have Petitioned for Redress in the most humble terms: Our repeated Petitions have been answered only by repeated injury. A Prince, whose character is thus marked by every act which may define a Tyrant, is unfit to be the ruler of a free people.

Nor have We been wanting in attention to our British brethren. We have warned them from time to time of attempts by their legislature to extend an unwarrantable jurisdiction over us. We have reminded them of the circumstances of our emigration and settlement here. We have appealed to their native justice and magnanimity, and we have conjured them by the ties of our common kindred to disavow these usurpations, which would inevitably interrupt our connections and correspondence. They too have been deaf to the voice of justice and of consanguinity.

We must, therefore, acquiesce in the necessity, which denounces our Separation, and hold them, as we hold the rest of mankind, Enemies in War, in Peace Friends.

We, therefore, the Representatives of the united States of America, in General Congress, Assembled, appealing to the Supreme Judge of the world for the rectitude of our intentions, do, in the Name, and by Authority of the good People of these Colonies, solemnly publish and declare, That these United Colonies are, and of Right ought to be Free and Independent States; that they are Absolved from all Allegiance to the British Crown, and that all political connection between them and the State of Great Britain, is and ought to be totally dissolved; and that as Free and Independent States, they have full Power to levy War, conclude Peace, contract Alliances, establish Commerce, and to do all other Acts and Things which Independent States may of right do. And for the support of this Declaration, with a firm reliance on the protection of divine Providence, we mutually pledge to each other our Lives, our Fortunes and our sacred Honor.

二、美國〈獨立宣言〉中文翻譯

在人類歷史事件的進程中,當一個民族必須解除其與另一個民族之間迄今所存在著的政治聯繫,而在世界列國之中取得那「自然法則」和「自然神明」所規定給他們的獨立與平等的地位時,就有一種真誠的尊重人類公意的心理,要求他們一定要把那

些迫使他們不得已而獨立的原因宣布出來。

　　我們認為這些真理是不言而喻的：人人生而平等，他們都從他們的「造物主」那邊被賦予了某些不可轉讓的權利，其中包括生命權、自由權和追求幸福的權利。

　　為了保障這些權利，所以才在人們中間成立政府。

　　而政府的正當權力，則是得自被統治者的同意。

　　如果遇有任何一種形式的政府變成損害這些目的，那麼，人民就有權利來改變它或廢除它，以建立新的政府。這新的政府，必須是建立在這原則的基礎之上，並且是按照這樣的方式來組織它的權力機關，庶幾就人民看來那是最能夠促進他們的安全和幸福的。誠然，謹慎的心理會主宰著人們的意識，認為不應該為了輕微的、暫時的原因而把設立已久的政府予以變更；而過去一切的經驗也正是表明，只要當那些罪惡尚可容忍時，人類總是寧願默然忍受，而不願廢除他們所習慣了的那種政治形式以恢復他們自己的權利。然而，當一個政府惡貫滿盈、倒行逆施、一貫地奉行著那一個目標，顯然是企圖把人民壓抑在絕對專制主義的淫威之下時，人民就有這種權利，人民就有這種義務，來推翻那樣的政府，而為他們未來的安全設立新的保障。

　　我們這些殖民地的人民過去一向是默然忍辱吞聲，而現在卻被迫地必須起來改變原先的政治體制，其原因即在於此。現今大不列顛國王的歷史，就是一部怙惡不悛、倒行逆施的歷史，他那一切的措施都只有一個直接的目的，即在我們各州建立一種絕對專制的統治。為了證明這一點，讓我們把具體的事實臚陳於公正

的世界人士之前。

他一向拒絕批准那些對於公共福利最有用和最必要的法律。

他一向禁止他的總督們批准那些緊急而迫切需要的法令，除非是那些法令在未得其本人的同意以前，暫緩發生效力；而在這樣展緩生效的期間，他又完全把那些法令置之不理。

他一向拒絕批准其他把廣大地區供人民移居墾殖的法令，除非那些人民願意放棄其在立法機關中的代表權。此項代表權對人民說來實具有無可估量的意義，而只有對暴君說來才是可怕的。

他一向是把各州的立法團體召集到那些特別的、不方便的、遠離其公文檔案庫的地方去開會。其唯一的目的就在使那些立法團體疲於奔命，以服從他的指使。

他屢次解散各州的議會，因為這些議會曾以剛強不屈的堅毅的精神，反抗他那對於人民權利的侵犯。

他在解散各州的議會以後，又長時期地不讓人民另行選舉；這樣，那不可抹殺的「立法權」便又重新回到廣大人民的手中，歸人民自己來施行了；而這時各州仍然險象環生，外有侵略的威脅，內有動亂的危機。

他一向抑制各州人口的增加；為此目的，他阻止批准〈外籍人歸化法案〉；他又拒絕批准其他的鼓勵人民移殖的法令，並且更提高了新的〈土地分配法令〉中的限制條例。

他拒絕批准那些設置司法權力機關的法案，藉此來阻止司法工作的執行。

他一向要使法官的任期年限及其薪金的數額，完全由他個人

的意志來決定。

他濫設了許多新的官職，派了大批的官吏到這邊來箝制我們人民，並且蠶食我們的民脂民膏。

在和平的時期，他不得到我們立法機關的同意，就把常備軍駐屯在我們各州。

他一向是使軍隊不受民政機關的節制，而且凌駕於民政機關之上。

他一向與其他的人狼狽為奸，要我們屈服在那種與我們的憲法格格不入，並且沒有被我們的法律所承認的管轄權之下；他批准他們那些假冒的法案來達到以下目的：

把大批的武裝部隊駐紮在我們各州；用一種欺騙性的審判來包庇那些武裝部隊，使那些對各州居民犯了任何謀殺罪的人得以逍遙法外；割斷我們與世界各地的貿易；不得到我們的允許就向我們強迫徵稅；在許多案件中剝奪我們在司法上享有「陪審權」的利益；以「莫須有」的罪名，把我們逮捕到海外的地方去受審；在鄰近的地區廢除那保障自由的英吉利法律體系，在那邊建立一個橫暴的政府，並且擴大它的疆界，要使它迅即成為一個範例和適當的工具，以便把那同樣的專制的統治引用到這些殖民地來；剝奪我們的「憲章」，廢棄我們那些最寶貴的法令，並且從根本上改變我們政府的形式；停閉我們自己的立法機關，反而說他們自己有權得在任何一切場合之下為我們制定法律。

他宣布我們不在其保護範圍之內並且對我們作戰，這樣，他就已經放棄了在這裡的政權了。

　　他一向掠奪我們的海上船舶，騷擾我們的沿海地區，焚毀我們的市鎮，並且殘害我們人民的生命。

　　他此刻正在調遣著大量的外籍僱傭軍，要來把我們斬盡殺絕，使我們廬舍為墟，並肆行專制的荼毒。他已經造成了殘民以逞的和背信棄義的氣氛，那在人類歷史上最野蠻的時期都是罕有其匹的。他完全不配做一個文明國家的元首。

　　他一向強迫我們那些在海上被俘虜的同胞公民們從軍以反抗其本國，充當屠殺其兄弟朋友的劊子手，或者他們自己被其兄弟朋友親手所殺死。

　　他一向煽動我們內部的叛亂，並且一向竭力勾結我們邊疆上的居民、那些殘忍的印第安蠻族來侵犯。印第安人所著稱的作戰方式，就是不論男女、老幼和情況，一概毀滅無遺。

　　在他施行這些高壓政策的每一個階段，我們都曾經用最謙卑的詞句籲請改革；然而，我們屢次的籲請，結果所得到的答覆卻只是屢次的侮辱。一個如此罪惡昭彰的君主，其一切的行為都可以確認為暴君，實不堪做一個自由民族的統治者。

　　我們對於我們的那些英國兄弟們也不是沒有注意的。我們曾經時時警告他們不要企圖用他們的立法程序，把一種不合法的管轄權橫加到我們身上來。我們曾經提醒他們注意到我們在此地移殖和居住的實際情況。我們曾經向他們天生的正義感和俠義精神呼籲，而且我們也曾經用我們那同文同種的親誼向他們懇切陳詞，要求取消那些倒行逆施的暴政，認為那些暴政勢必使我們之間的聯繫和友誼歸於破裂。然而，他們也同樣地把這正義的、血

肉之親的呼籲置若罔聞。因此，我們不得不承認與他們有分離之必要，而我們對待他們也就如同對待其他的人類一樣，在戰時是仇敵，在平時則為朋友。

　　因此，我們這些集合在大會中的美利堅合眾國的代表們，籲請世界人士的最高裁判，來判斷我們這些意圖的正義性。我們以這些殖民地的善良人民的名義和權力，謹莊嚴地宣布並昭告：這些聯合殖民地從此成為、而且名正言順地應當成為自由獨立的合眾國；它們解除對於英王的一切隸屬關係，而它們與大不列顛王國之間的一切政治聯繫亦應從此完全廢止。作為自由獨立的合眾國，它們享有全權去宣戰、媾和、締結同盟、建立商務關係，或採取一切其他凡為獨立國家所理應採取的行動和事宜。為了擁護此項「宣言」，懷著深信神明福佑的信心，我們謹以我們的生命、財產和神聖的榮譽互相共同保證，誓無二心。

三、法國〈人權宣言〉[43]

　　西元一七八九年八月二十六日 法蘭西王國波旁王朝制憲國民會議通過

　　Déclaration des Droits de l'homme et du citoyen du 26 août 1789

　　Les Représentants du Peuple Français, constitués en Assemblée nationale, considérant que l'ignorance, l'oubli ou le mépris des droits de l'homme sont les seules causes des malheurs publics et de la corruption

---

43 http://blog.xuite.net/lifelover/lifelover/18676288

des Gouvernements, ont résolu d'exposer, dans une Déclaration solennelle, les droits naturels, inaliénables et sacrés de l'homme, afin que cette Déclaration, constamment présente à tous les membres du corps social, leur rappelle sans cesse leurs droits et leurs devoirs ; afin que les actes du pouvoir législatif, et ceux du pouvoir exécutif, pouvant être à chaque instant comparés avec le but de toute institution politique, en soient plus respectés; afin que les réclamations des citoyens, fondées désormais sur des principes simples et incontestables, tournent toujours au maintien de la Constitution et au bonheur de tous.

En conséquence, l'Assemblée nationale reconnaît et déclare, en présence et sous les auspices de l'Être suprême, les droits suivants de l'Homme et du Citoyen.

Art. 1er. -

Les hommes naissent et demeurent libres et égaux en droits. Les distinctions sociales ne peuvent être fondées que sur l'utilité commune.

Art. 2. -

Le but de toute association politique est la conservation des droits naturels et imprescriptibles de l'Homme. Ces droits sont la liberté, la propriété, la sûreté, et la résistance à l'oppression.

Art. 3. -

Le principe de toute Souveraineté réside essentiellement dans la Nation. Nul corps, nul individu ne peut exercer d'autorité qui n'en émane expressément.

Art. 4. -

La liberté consiste à pouvoir faire tout ce qui ne nuit pas à autrui : ainsi, l'exercice des droits naturels de chaque homme n'a de bornes que celles qui assurent aux autres Membres de la Société la jouissance de ces mêmes droits. Ces bornes ne peuvent être déterminées que par la Loi.

Art. 5. -

La Loi n'a le droit de défendre que les actions nuisibles à la Société. Tout ce qui n'est pas défendu par la Loi ne peut être empêché, et nul ne peut être contraint à faire ce qu'elle n'ordonne pas.

Art. 6. -

La Loi est l'expression de la volonté générale. Tous les Citoyens ont droit de concourir personnellement, ou par leurs Représentants, à sa formation. Elle doit être la même pour tous, soit qu'elle protège, soit qu'elle punisse. Tous les Citoyens étant égaux à ses yeux sont également admissibles à toutes dignités, places et emplois publics, selon leur capacité, et sans autre distinction que celle de leurs vertus et de leurs talents.

Art. 7. -

Nul homme ne peut être accusé, arrêté ni détenu que dans les cas déterminés par la Loi, et selon les formes qu'elle a prescrites. Ceux qui sollicitent, expédient, exécutent ou font exécuter des ordres arbitraires, doivent être punis ; mais tout citoyen appelé ou saisi en vertu de la Loi doit obéir à l'instant : il se rend coupable par la résistance.

Art. 8. -

La Loi ne doit établir que des peines strictement et évidemment nécessaires, et nul ne peut être puni qu'en vertu d'une Loi établie et promulguée antérieurement au délit, et légalement appliquée.

Art. 9. -

Tout homme étant présumé innocent jusqu'à ce qu'il ait été déclaré coupable, s'il est jugé indispensable de l'arrêter, toute rigueur qui ne serait pas nécessaire pour s'assurer de sa personne doit être sévèrement réprimée par la loi.

Art. 10. -

Nul ne doit être inquiété pour ses opinions, même religieuses, pourvu que leur manifestation ne trouble pas l'ordre public établi par la Loi.

Art. 11. -

La libre communication des pensées et des opinions est un des droits les plus précieux de l'Homme : tout Citoyen peut donc parler, écrire, imprimer librement, sauf à répondre de l'abus de cette liberté dans les cas déterminés par la Loi.

Art. 12. -

La garantie des droits de l'Homme et du Citoyen nécessite une force publique : cette force est donc instituée pour l'avantage de tous, et non pour l'utilité particulière de ceux auxquels elle est confiée.

Art. 13. -

Pour l'entretien de la force publique, et pour les dépenses d'administration, une contribution commune est indispensable. elle doit être également répartie entre tous les citoyens, en raison de leurs facultés.

Art. 14. -

Tous les Citoyens ont le droit de constater, par eux-mêmes ou par leurs représentants, la nécessité de la contribution publique, de la consentir librement, d'en suivre l'emploi et d'en déterminer la quotité, l'assiette, le recouvrement et la durée.

Art. 15. -

La Société a le droit de demander compte à tout Agent public de son administration.

Art. 16. -

Toute Société dans laquelle la garantie des Droits n'est pas assurée, ni la séparation des Pouvoirs déterminée, n'a point de Constitution.

Art. 17. -

Les propriété étant un droit inviolable et sacré, nul ne peut en être privé, si ce n'est lorsque la nécessité publique, légalement constatée, l'exige évidemment, et sous la condition d'une juste et préalable indemnité.

四、法國〈人權宣言〉中文翻譯

組成國民會議的法蘭西人民的代表們，相信對於人權的無

知、忽視與輕蔑乃是公共災禍與政府腐化的唯一原因，乃決定在
一個莊嚴的宣言裡面，闡明人類自然的、不可讓渡的與神聖的權
利，以便這個永遠呈現於社會所有成員之前的宣言，能不斷地向
他們提醒他們的權利與義務；以便立法權與行政權的行動，因能
隨時與所有政治制度的目標兩相比較，從而更加受到尊重；以便
公民們今後根據簡單的而無可爭辯的原則提出的各項要求，能恆
久地導向憲法的維護並有助於人類全體的幸福。因此，國民會議
在上帝之前及其庇護下，承認並且宣布如下的人權與公民權：

第一條　　　在權利方面，人類是與生俱來而且始終是自由與平等
　　　　　　的。社會的差異只能基於共同的福祉而存在。

第二條　　　一切政治結社的目的都在於維護人類自然的和不可動
　　　　　　搖的權利。這些權利是自由、財產、安全與反抗壓
　　　　　　迫。

第三條　　　整個主權的本源根本上乃寄託於國民。任何團體或任
　　　　　　何個人皆不得行使國民所未明白授與的權力。

第四條　　　自由就是指有權從事一切無害於他人的行為；因此，
　　　　　　每一個人自然權利的行使，只以保證社會上其他成員
　　　　　　能享有相同的權利為限制。此等限制只能以法律決定
　　　　　　之。

第五條　　　法律僅能禁止有害於社會的行為。凡未經法律禁止的
　　　　　　行為即不得受到妨礙，而且任何人都不得被強制去從
　　　　　　事法律所未規定的行為。

第六條　　　法律是普遍意志的表達。每一個公民皆有權個別地或

透過他們的代表去參與法律的制訂。法律對於所有的人，無論是施行保護或是懲罰都是一樣的。在法律的眼裡一律平等的所有公民，除了他們的德行和才能上的區別之外，皆能按照他們的能力，平等地取得擔任一切官職、公共職位與職務的資格。

第七條　除非在法律所規定情況下並按照法律所指示的程序，任何人均不受控告、逮捕與拘留。所有請求發布、傳送、執行或使人執行任何專斷的命令者，皆應受到懲罰。但任何根據法律而被傳喚或逮捕的公民則應當立即服從，抗拒即屬犯法。

第八條　法律只應規定確實和明顯必要的刑罰，而且除非根據在犯法前已經通過並且公布的法律而合法地受到科處，任何人均不應遭受刑罰。

第九條　所有人直到被宣告有罪之前，都應被推定為無罪，而即使逮捕被判定為必要的，一切為羈押人犯身體而不必要的嚴酷手段，都應當受到法律的嚴厲制裁。

第十條　任何人不應為其意見、甚至其宗教觀點而遭到干涉，只要他們的表達沒有擾亂到以法律所建立起來的公共秩序。

第十一條　自由傳達思想與意見乃是人類最為寶貴的權利之一。因此，每一個公民都可以自由地從事言論、著作與出版，但在法律所規定的情況下，仍應就於此項自由的濫用負擔責任。

第十二條　人權與公民權的保障需要公共的武裝力量。這個力量因此是為了全體的福祉而不是為了此種力量的受任人的個人利益而設立的。

第十三條　為了公共力量的維持和行政管理的支出，普遍的賦稅是不可或缺的。賦稅應在全體公民之間按其能力平等地分攤。

第十四條　所有公民都有權親身或由其代表決定公共賦稅的必要性；自由地加以認可；知悉其用途；和決定稅率、課稅評定與徵收方式、以及期間。

第十五條　社會有權要求每一個公務人員報告其行政工作。

第十六條　一個社會如果其權利的保障未能獲得保證，而且權力的分立亦未能得到確立，就根本不存在憲法。

第十七條　財產是不可侵犯與神聖的權利，除非當合法認定的公共需要對它明白地提出要求，同時基於所有權人已預先和公平地得到補償的條件，任何人的財產乃皆不可受到剝奪。

第五節
啟蒙時期其他重要的思想家

　　啟蒙時代是一個承先啟後的時代，因此思想家眾多，對後世所造成的影響也相當的大。前一節所介紹的是有關教育家的部分，這一節我們將介紹有關啟蒙時期於思想、政治以及經濟方面

的思想家，讓大家更加瞭解啟蒙的意義。

壹、孟德斯鳩（Charles de Secondat Baron de Montesquieu，西元一六八九至一七五五年）

一、生平事蹟

西元十八世紀上半葉出生於法國的啟蒙思想家、社會學家，資產階級國家和法學理論的奠基人。與盧梭、伏爾泰齊名的法國資產階級革命思想先驅之一。

中年時曾周遊列國，而英國便是其中遊歷時間最長，收穫最多，影響也最深的一段旅行。由於當時英國是一個已完成的資產階級革命的國家，因此使得孟德斯鳩更加嚮往。西元一七二一年出版了《波斯人信札》（*Lettres des lois 1721*），對法國當時的專制制度給予相當大的批判。西元一七四八年更推出曠世巨作——《論法的精神》（又譯法意，*De l'esprit des lois 1748*），此書不單是一本法學著作，更涉及了社會歷史領域的各個層面，亦因此對後世造成了巨大的影響。

二、啟蒙的思想

(一) 自然神論

自然神論反對蒙昧主義和神祕主義，否定迷信和各種違反自

然規律的「奇蹟」；且認為上帝不過是「世界理性」或「有智慧的意志」；上帝作為世界的「始因」或「造物主」，祂在創世之後就不再干預世界的事務，而讓世界按照它本身的規律存在和發展下去；主張利用「理性宗教」或「自然宗教」代替「天啟宗教」的觀點。

身為自然神論者的孟德斯鳩，他的目光所注視的不是天上，而是人間，是人類社會[44]。孟德斯鳩認為上帝並不干涉自然界的事務，世界是受自然界的規律所支配的，即使是上帝也是如此，不能改變自然界的規律。

孟氏的自然神論有著非常重要的意義：

1. 利用自然神論以限制神權，並批判宗教過於強調神權一事。
2. 是法國新興資產階級要求削弱君權的願望的一種反應[45]，藉以加強對君主立憲制的看法。

(二) 人道主義

認為人生而平等，將平等及自由視為自然法的要求和人類理性的體現[46]。

1. 反對和譴責奴隸制度。
2. 反對對黑人的奴役和迫害。
3. 反對和譴責西班牙殖民主義者對殖民地人民所採取的奴役

44 侯鴻勳（1997）。孟德斯鳩及其啟蒙思想。北京：人民。頁62。
45 同註44，頁61。
46 侯鴻勳（1993）。孟德斯鳩。台北：東大。頁207-208。

和屠殺暴政。

4. 反對迫害猶太人。

5. 反對戰爭，主張全人類和平相處。

6. 反對歧視婦女，主張男女平等。

7. 反對和譴責封建專制主義。

8. 反對和譴責天主教會迫害異教徒的罪行。

(三) 婦女問題

孟德斯鳩十分讚賞古希臘婦女的品德。他反對男尊女卑，認為男女應當平等，男子不應有任何特權。因此認為：婦女執政、治理國家，是有優越性的，在治國方面甚至比男子強。此論點對於當時婦女的解放鬥爭，造成了積極的作用。

孟氏基本思想傾向於與當時反對奴役婦女，主張男女平權的進步思潮相互呼應。此一思想充滿了人道主義精神，並將矛頭直接的指向封建專制主義，此為孟氏啟蒙思想中一個重要的部分。

(四) 教育思想

孟德斯鳩說：「教育的法律是我們最先接受的法律。」

1. 認為教育的法律是受政體的原則制約的，且應該和政體的原則相呼應。

2. 認為君主國的教育就是要使受教育者成為一個具有榮譽感的人。君主國的教育要求為：「品德，應該高尚些；處

世，應該坦率些；舉止，應該禮貌些」[47]。

3. 強調教育對共和政體的重要性，認為：「共和政體是需要教育的全部力量的」[48]。

4. 重視兒童教育，強調家庭教育的重要性；重視家長的表率作用，更強調家庭教育須得到社會教育的配合。

5. 強調音樂對心靈的影響力。

三、對後世的影響

(一) 著作：《論法的精神》

是孟德斯鳩的第三部重要著作，其第二部著作《羅馬盛衰原因論》（*Considerations sur les causes de la grandeur des Romains et de leur decadence*）可說是此書的緒論、基礎。《論法的精神》的其重要性可比《波斯人信札》一書。此書是繼亞里斯多德之後第一部具綜合性的政治學著作；是當時最進步的政治理論著作；亦是當時法國社會歷史的產物。確實反映了時代和新興資產階級的需求，也成了此階級反對封建暴政和天主教教會專橫的武器。

就法律的觀點而言，孟德斯鳩屬於唯心主義者。以理性為基礎的自然法理論，借助自然法理論以反對封建專制主義及宗教。一方面強調自然法，一方面強調人類社會只能根據人為法律來治理的原則。他認為「法的精神」的核心乃在於強調資產階級的私

---

47 同註 44，頁 141-142。
48 同註 44，頁 144。

有財產之神聖不可侵犯，並保障其生命財產的安全。

　　孟德斯鳩所提出的法治國家理論，主要是針對封建專制主義國家。對於審判方面，他主張只應對行為有所刑罰，而不應針對其思想以及言語加以刑罰。他也反對株連、拷問罪犯以及嚴刑峻法的刑罰制度，因此他主張「依犯罪的性質量刑」。

　　就政治的觀點而言，孟氏擁護君主立憲。他擁護君主政體，但反對專制政體。他又根據洛克的三權分立學說加以詮釋，充分表達了法國新興資產階級期望參與政治的要求。此雖具有與封建統治階級妥協的局限性，但也是為了保護資產階級的私有財產做了服務。

(二) 影響

　　於《論法的精神》一書中所述及的思想，對於美國革命時的〈獨立宣言〉與法國大革命時的〈人權宣言〉有著最直接的影響。其中三權分立學說的影響最為深遠，且具有非常鮮明的劃時代象徵。諸如西元一七八七年的美國憲法、一七九一年和一七九五年的法國憲法以及一七九二年的普魯士法典等種種往後的憲法，均接受其論述。

貳、伏爾泰（Voltaire 原名 Francois-Marie Aro-uet，西元一六九四至一七七八年）

一、生平事蹟

　　是法國啟蒙時代思想家、哲學家以及作家，被尊稱為「法蘭西思想之父」。以捍衛公民自由而聞名，特別是信仰自由以及司法公正。

　　他的一生，對當時歐洲盛行的君主專制，基督教的壟斷地位，以及教會對異端分子所進行的鎮壓，給了毫不妥協的批判和攻擊。伏爾泰是一位極端富有智慧的人，他的劇本，歷史及時事評論，是當時法國最暢銷的出版物。也因為他犀利的筆鋒和尖酸的文字，多次被法國當局逮捕，更曾經兩次被關進巴士底監獄。他一生中絕大部分的時間多被迫流亡海外。儘管如此，伏爾泰仍以其巨大的影響力，單槍匹馬的與愚昧和專制搏鬥。西元一七七八年當他以八十四歲的高齡重返法國時，整個巴黎萬人空巷，隆重歡迎這位偉人重歸故土。

　　伏爾泰在世的時間可說貫穿了整個啟蒙時代，因此著名文學家雨果也曾說：「伏爾泰不只是一個人，而是整整一個時代」[49]。

---

49 同註 2，頁 32。

二、啟蒙的思想

伏爾泰有著鮮明的唯物主義世界觀以及反封建、反教會的政治綱領。

名言：「我並不同意你的觀點，但是我誓死捍衛你說話的權利」[50]。"Je ne suis pas d'accord avec ce que vous dites, mais je me battrai jusqu'a la mort pour que vous ayez le droit de le dire."（法文原文）

(一) 哲學上

1. 在哲學上反對形而上學；在宗教上反對教條主義的迷信。
2. 主要思想來自英國的洛克，並把這種啟蒙思想傳到德國。
3. 信奉自然權利說，認為人們本質上是平等的，要求人人都享有自然的權利。
4. 主張一切觀念來自感覺經驗，為法國資產階級提供了反封建的哲學武器[51]。

(二) 政治上

1. 抨擊封建專制，期待達到英國式的資產階級之君主立憲制。

---

50 http://zh.wikipedia.org/w/index.php? title=%E4%BC%8F%E7%88%BE%E6%B3%B0&variant=zh-tw

51 同註 2，頁 33。

2. 主張在法律之前人人平等，但又認為財產權利的不平等是
無法避免的。

3. 主張以理性達到容忍與自由。

4. 主張自由與平等的思想是從自然原則出發的。

(三) 對後世的影響

由於他對理性的容忍與自由，使得我們能感受到宗教儀式的
詩意和戲劇性，也使我們能自由的選擇崇拜或棄絕。由於他對封
建專制的抨擊以及對君主立憲制的期待，也影響到世界上許多君
主的開明專制。由於他主張自由與平等，使得法國人敢於發起法
國大革命，以爭取自己的權益。也使得美國人勇於發起美國獨立
戰爭，以爭取脫離殖民政府的統治。

參、亞當史密斯（Adam Smith，西元一七二三至一七九〇年）

一、生平事蹟

亞當史密斯所處的時代是一個有秩序且和諧的年代，他曾擔
任格拉斯哥大學的道德哲學教授。使他一舉成名的著作是《道德
情操論》（*The Theory of Moral Sentiments*），另一部著作《國富
論》（*The Wealth of Nations*），使他成為歷史上著名的「經濟學
之父」，進而創立了以自由放任為基礎的古典經濟學派。

二、啟蒙的思想

(一) 古典經濟學 [52]

批判了重商主義把對外貿易視為唯一財富來源的觀點。亞當史密斯把經濟研究從流通的領域進而拓展到生產的領域。同時也批判了重農學派所認為的只有農業才能創造財富的觀點，他認為一切物質的生產部門都可以創造財富。

古典經濟學更進而分析了自由競爭的市場機制，將其看作是一隻「看不見的手」，支配著社會中的經濟活動；反對國家干預經濟生活，提出了自由放任原則；同時分析了國民財富增長的條件；以及促進或阻礙國民財富增長的主要原因。

(二) 自由經濟市場

主張政府不但完全不能干預，且應全由市場參與人決定。然而事實上，目前沒有任何一個國家的經濟是毫無政府干預的。所以目前所謂的市場經濟，是在追求最大利潤的前提下，盡可能的將政府干預降到最低。自由市場經濟有下面幾個特色 [53]：

1. 所有權私有化，市場買賣自由化。

2. 自由競爭。

---

52 http://zh.wikipedia.org/w/index.php? title= % E5% 8F % A4% E5% 85% B8%E7%BB%8F%E6%B5%8E%E5%AD%A6&variant=zh-tw

53 http://tw.knowledge.yahoo.com/question/question? qid=1405122117676

3. 市場價格是依據供給與需求來決定的。

4. 消費者擁有獨立的自主權。

5. 以「最大利潤」為導向。

與自由市場經濟相對的，稱為計畫市場經濟（planned market economy），簡單的說，就是跟自由市場相反，強調政府干預，市場價值不是由供需決定，而是由政府決定。其中政府的干涉稱為「看得見的手」。

三、對後世的影響

西元十六至十八世紀正是封建制度瓦解，同時也是資本主義的形成和工廠手工業蓬勃發展的時期，因此我們也可以說，這個時期是從封建主義邁向資本主義的過渡時期。雖然在此同時，資本主義的經濟已經取得了長足的進步，且英國的資產階級革命在西元十七世紀時即已完成。但資產階級作為社會的統治階層，依舊沒有取得對國家政權的絕對控制權。因此，在經濟方面依舊存在著許多制度上的困難，阻礙著資本主義的發展。

(一) 理論的意義

亞當史密斯是一個偉大的經濟學家，也是古典政治經濟學的開創者，在他所著的《國富論》之中提出了許多觀點以及結論，對於現今的市場經濟仍是具有相當的指標性作用。

在其著作之中也包含著相互矛盾的理論觀點，是現代經濟學得以蓬勃發展的原因之一。因此，我們也可以說：亞當史密斯是

歷史上經濟學領域中的一位巨匠。

(二) 現實的意義

由於亞當史密斯所處的是一個：資本主義經濟與資本主義道德創建的一個時代，使得他在為資本主義的發展，進行理論辯護以及開闢全新道路的過程中，不僅在經濟理論上，且在倫理的思想上，更深切的提出了許多有價值的觀點。

(三) 亞當史密斯的問題

在亞當史密斯所著作的兩本重要著作《道德情操論》以及《國富論》之間，存在著相當大的對立與不一致性。他在《道德情操論》一書中，將人們道德行為的動機歸之於相當的同情與利他；在《國富論》一書中，則將人們經濟行為的動機，歸結為利己或自私[54]。

隨著西元十八世紀末到十九世紀初這段伴隨著英國資本主義經濟的強勁發展，以及在整個資本社會範圍所取得的領先地位，亞當史密斯的經濟理論體系，也確實在經濟學領域上，占據了一個重要的支配地位[55]。

---

54 聶文軍（2004）。亞當‧斯密經濟倫理思想研究。北京：中國社會科學。頁 11。

55 同註 54，頁 13。

參考書目

一、中文部分

1. 大國崛起系列叢書編輯出版委員會（2007）。大國崛起：英國。台北：青林。

2. 巴特斯（Butts, R. F.）著，徐宗林譯（1982）。西洋教育史。台北：黎明。

3. 王榮綱、黃兆群（1995）。美國十大總統傳。北京：東方。

4. 卡爾‧雅斯培（Jaspers, Karl）著，賴顯邦譯（1990）。康德。台北：久大。

5. 石良德（2003）。美國總統全紀錄。台中：好讀。

6. 庄錫昌（1999）。西方文化史。北京：高等教育。

7. 艾坡比（Appleby. J. O.）著，彭小娟譯（2005）。美國民主的先驅：托馬斯‧傑佛遜傳。合肥：安徽教育。

8. 吳圳義（1995）。法國史。台北：三民。

9. 吳圳義（2006）。近代法國思想文化史：從文藝復興到啟蒙運動。台北：三民。

10. 李瑋（2000）。盧梭：開創新時代的巨人。台北：婦女與生活社。

11. 克羅普西（Cropsey, Joseph）著，鄧文正譯（2005）。國體與經體：對亞當‧斯密原理的進一步思考。上海：上海人民。

12. 林玉体（1988）。西洋教育史。台北：文景。

13. 林清江（1989）。比較教育。台北：五南。

14. 林立樹（2005）。美國文化史。台北：五南。

15. 周虹（1996）。中外教育史。台北：保成。

16. 周惠民（2003）。德國史：中歐強權的起伏＝ Germany。台北：三民。

17. 洛克（Locke John）著，傅任敢譯（1966）。教育漫話。台北：台灣商務。

18. 侯鴻勳（1993）。孟德斯鳩。台北：東大。

19. 侯鴻勳（1997）。孟德斯鳩及其啟蒙思想。北京：人民。

20. 威爾・杜蘭（Durant, Will）著，幼獅文化公司編譯（1995）。伏爾泰思想與宗教的衝突。台北：幼獅。

21. 洪祥（2005）。中西教育史。台北：鼎茂。

22. 徐宗林（1991）。西洋教育史。台北：五南。

23. 徐宗林、周愚文（1997）。教育史。台北：五南。

24. 徐永誠（2006）。懲罰與教育：以洛克的觀點為例。台北：師大書苑。

25. 高九江（2000）。啟蒙推動下的歐洲文明。北京：華夏。

26. 高義展（2004）。教育史。台北：鼎茂。

27. 揉鐵（2004）。影響世界歷史的重大事件。台北：大地。

28. 漢普生（Norman Hampson）著，李豐斌譯（1984）。啟蒙運動。台北：聯經。

29. 陳奎憙、溫明麗（1996）。歐洲教育、文化記趣。台北：師大書苑。

30. 陳曉律、王蘇琦（2002）。大英帝國。台北：慧明。

31. 陳樂民（2007）。歐洲文明的十五堂課。台北：五南。

32. 梁建鋒（1997）。美國生活百科叢書——美國教育。香港：三聯。

33. 張振東（1978）。西洋哲學導論。台北：台灣學生。

34. 張欽盛（1986）。歐洲教育發達史。台北：金鼎。

35. 馮作民編著，黎東方校訂（1977）。西洋全史（十六）近代文化史。
台北：燕京。

36. 黃見德（1995）。西方哲學的發展軌跡。台北：揚智。

37. 黃雋（2005）。中外教育史。高雄：高雄復文。

38. 黃振華（2005）。論康德哲學。台北：時英。

39. 溫斯頓・邱吉爾（Winston Churchill）著，劉會梁譯（2004）。英語
民族史（卷三）革命的年代。台北：左岸。

40. 瑪麗・富布盧克（Marry Fulbrook）著，王軍瑋、萬方譯（2006）。
劍橋德國簡史：一個不斷尋找自我的國家。台北：左岸。

41. 劉伯驥（1983）。西洋教育史。台北：台灣中華。

42. 劉自生（1993）。白宮的主人：從華盛頓到柯林頓。台北：正中。

43. 霍甫丁（1982）。西洋近世哲學史。新竹：仰哲。

44. 戴金波（2000）。伏爾泰：法國啟蒙思想泰斗＝ Fuertai。台北：婦
女與生活社。

45. 聶文軍（2004）。亞當・斯密經濟倫理思想研究。北京：中國社會
科學。

46. 羅素（Russell Bertrand）（1984）。西方哲學史（上）。台北：五
南。

47. Martin Vogt 編，辛達謨譯（2000）。德國史。台北：國立編譯館。

二、英文部分

1. Barness, H. E. (1937). *An Intellectual and Cultural History of the Western World*. New York: Randon House.

2. Butts, R. Freeman. (1947). *A Cultural History of Education*. New York: McGraw-Hill.

3. Butts, R. Freeman. (1955). *A Cultural History of West Education: Its Social and Intellectual Foundations*. New York: Mcgraw-Hill.

4. Butts, R. Freeman. (1955). *A Cultural History of Western Education*. New York: McGraw-Hill.

5. Beck, Robert Holmes. (1965). *A Social History of Education*. Englewood Cliffs, N. J.: Prentice-Hall.

6. Binder, Frederick M. (1970). *Education in the History of Western Civilization*. New York: Macmillan.

7. Boyd, William. (1972). *The History of Western Education*. London: A and C. Black.

8. Braubacher, John S. (1966). *A History of the Problems of Education*, New York: McGraw-Hill.

9. Cubberley, Ellwood P. (1920). *The History of Education*. Boston: Houghton Mifflin.

10. Clark. Donald L. (1957). *Rhetoric in Greco-Roman Education*. New York: Columbia University Press.

11. Castle, E. B. (1958). *Moral Education in Christian Times*. London: Allen

and Unwin.

12. Castle, E. B. (1962). *Ancient Education and Today*. Baltimore: Penguin Books.

13. Cole, Luella. (1965). *A History of Education: Socrates to Montessori*. New York: Holt, Rinehart and Winston.

14. Cordasco, Francesco. (1976). *A Brief History of Education*. N. J.: Littlefield, Adams.

15. Charles Taylor. (1989). *Sources of the Self: The Making of Modern Identity*. Cambridge: Cambridge University Press.

16. Dawson, Christopher. (1961). *The Crisis of Western Education*. London: Sheed & Ward.

17. Dunkel, Harold B. (1970). *Herbart and Herbartianism: an Educational Ghost Story*. Chicago: University of Chicago Press.

18. Durkheim, Emile. (1974). *Sociology and Philosophy.* New Yrok: Free Press.

19. Eby, Frederick. (1952). *The Development of Modern Education, in Theory, Rganization, and Practice*. New Yrok: Prentice-Hall.

20. Fletcher, Arthur W. (1934). *Education in Germany*. England: W. Heffer.

21. Frankena, William K. (1965). *Three Historical Philosophies of Education*. Chicago: Scott, Foresman.

22. Good, H.G. (1960). *A History of Westerb Education*. New York: Macmillan.

23. Grabmann, Martin. (1963). *Thomas Aquinas: His Personality and Thou-*

ght. New York: Russell & Russell.

24. Good, H. G. & Teller, James, D. (1960). *A History of Western Education*. New York: Macmillan.

25. Graves, Frank Pierrepont. (1974). *A History of Education During the Middle Ages and the Transitiion to Modern Times*. New York: Gordon Press.

26. Hadas, Moses. (1960). *Humanism: The Greek Ideal and Its Survival*. New York: Harper & Row.

27. Knight, Edgar Wallace. (1940). *Twenty Centuries of Education*. Boston: Ginn and Company.

28. Kane, W. T. (1935). *An Essay Toward a History of Education Considered Chiefly in Its Development in the Western World*. Chicago: Loyola University Press.

29. Kant, Immanuel. (1995). *Uber Padagogik*. England: Thoemmes Press. IX, S.441.

30. Lawson, John. (1967). *Mediaeval Education and the Reformation*. New York: Humanities Press.

31. Lawrence, Elizabeth Sutton. (1970). *The Origins and Growth of Modern Education*. Baltimore: Penguin.

32. Moberly, W. H. (1944). *Plato's Conception of Education and Its Meaning Today*. Lodon: Oxford University Press.

33. Marrou, H. I. (1956). *A History of Education in Antiquity*. New York: Sheed and Ward.

34. Montessori, Maria. (1965). *Spontaneous Activity in Education*. New York:

Schocken Books.

35. Meyer, A. E. (1972). *An Educational History of the Western World*. New York: McGraw-Hill.

36. Nunn, Thomas Percy. (1945). *Education Its Data and First Principles*. London: E. Arnold & Co.

37. Pounds, Ralph L. (1968). *The Development of Education in Western Culture*. New York: Appleton-Century-Crofts.

38. Power, Edward J. (1969). *Evolution of Educational Doctrine: Major Educational Theorists of the Western World*. New York:Appleton-Century-Crofts.

39. Shernill L. J. (1944). *The Rise of Christian Education*. New York: Macmillan.

40. Scanlon, D. G. (1960). *International Education: A Documentary History*. New York: Bureau of Publications, Teachers College, Columbia University.

41. Sadler, J. E. (1966). *J. A. Comenius and the Concept of Universal Education*. New York: Barnes & Noble .

42. Seigel, Jerrold E. (2005). *The Idea of the Self: Thought and Experience in Western Europe since the Seventeenth Century*. New York: Cambridge University Press.

43. Ulich, robert. (1950). *History of Educational Thought*. New York: American Book Co.

44. Ulich, Robert. (1954). *Three Thousand Years of Educational Wisdom: Se-*

lections from Great Documents. Cambridge: Harvard University Press.

45. Ulich, Robert. (1965). *Education in Western Culture*. New York: Harcourt, Brace & World.

46. Weimer, Hermann. (1962). *Concise History of Education from Solon to Pestalozzi*. New York: Philosophical Library.

47. Wise, John E. (1964). *The History of Education*. New York: Sheed & Ward.

參考網址

1. 歷史文化學習網—思想與文教

   http://culture.edu.tw/history/smenu_photomenu.php? smenuid=758

2. 德國文學史（第 2 卷）

   http://www.bookschina.com.tw/2182987.htm

3. 讀《啟蒙運動的哲學》

   http://www.wretch.cc/blog/sssh307/6861075

4. 啟蒙運動

   http://translate.google.com.tw/translate? hl=zh-TW&sl=zh-CN&u=http://
   www.hoodong.com/wiki/%25E5%2590%25AF%25E8%2592%2599%
   25E8%25BF%2590%25E5%258A%25A8&sa=X&oi=translate&res-
   num=7&ct=result&prev=/search%3Fq%3D%25E5%25BE%25B7%
   25E5%259C%258B%25E5%2595%259F%25E8%2592%2599%2B%
   25E6%2580%259D%25E6%2583%25B3%2B%25E9%2581%258B%

25E5%258B%2595%26complete%3D1%26hl%3Dzh-TW

5. 德國文化

   http://www2.nkfust.edu.tw/~teaching/mong/html/h_course_eweek/06.htm

6. http://tw.knowledge.yahoo.com/question/question? qid=1607100602399

7. 啟蒙運動與東方文化

   http://www.taiwannet.de/members/illumination01/illuminationandeast.htm

8. http://zh.wikipedia.org/wiki/%E9%A6%96%E9%A1%B5

9. http://www.chinesege.org.tw/geonline/html/uploads/choiceness/CV12_5-1.htm

10. http://www.cogsh.tp.edu.tw/cti573/memo/edunote.html

11. http://www.ebaomonthly.com/window/liter/philwest/philw_60.htm

12. http://zh.wikipedia.org/w/index.php? title= % E6% B4% 9B % E5% 85% 8B&variant=zh-tw#.E3.80.8A.E4.BA.BA.E9.A1.9E.E7.90.86.E8.A7.A3.E8.AB.96.E3.80.8B

13. http://tw.knowledge.yahoo.com/question/'? qid=1004121201191

14. http://zh.wikipedia.org/wiki/%E4%BC%8A%E6%9B%BC%E5%8A%AA%E7%88%BE%C2%B7%E5%BA%B7%E5%BE%B7

15. http://tw.knowledge.yahoo.com/question/question? qid=1005011102397

16. http://zh.wikipedia.org/w/index.php? title=%E4%BC%8F%E7%88%BE%E6%B3%B0&variant=zh-tw

17. http://zh.wikipedia.org/w/index.php? title= % E5% 8F % A4% E5% 85%

B8%E7%BB%8F%E6%B5%8E%E5%AD%A6&variant=zh-tw

18. http://tw.knowledge.yahoo.com/question/question? qid=1405122117676

19. http://zh.wikipedia.org/w/index.php? title=%E7%AC%9B%E5%8D%A1%E5%85%92&variant=zh-tw

20. http://plato.stanford.edu/entries/rationalism-empiricism/

21. http://www.taiwannet.de/members/illumination01/illuminationandeast.htm

22. http://www.wretch.cc/blog/sssh307/6861075

23. http://tw.knowledge.yahoo.com/question/? qid=1005030306559

24. http://zh.wikipedia.org/w/index.php? title=%E5%82%91%E4%BD%9B%E9%81%9C&variant=zh-tw

25. http://www.education.ntu.edu.tw/wwwcourse/social/edu_cours/phylosophy/phylo_work11.htm

26. http://zh.wikipedia.org/wiki/%E4%BC%8A%E6%9B%BC%E5%8A%AA%E7%88%BE%C2%B7%E5%BA%B7%E5%BE%B7

27. http://tw.Knowledge.yahoo.com/question/question? qid=1607100602399

28. http://blog.xuite.net/lifelover/lifelover/18676288

國家圖書館出版品預行編目資料

西洋教育史——中世紀及其過渡世代
／滕春興著. -- 初版. -- 臺北市：心理, 2009.02
面；　公分. --（教育史哲；6）
含參考書目
ISBN 978-986-191-223-3（平裝）

1. 教育史　2. 西洋史

520.94　　　　　　　　　　　　　　　97024630

教育史哲 6　　西洋教育史——中世紀及其過渡世代

作　　　者：滕春興
責任編輯：陳華雯
執行編輯：李　晶
總　編　輯：林敬堯
發　行　人：洪有義
出　版　者：心理出版社股份有限公司
社　　　址：台北市和平東路一段 180 號 7 樓
總　　　機：(02) 23671490　　傳　　真：(02) 23671457
郵　　　撥：19293172　心理出版社股份有限公司
電子信箱：psychoco@ms15.hinet.net
網　　　址：www.psy.com.tw
駐美代表：Lisa Wu　tel: 973 546-5845　fax: 973 546-7651
登　記　證：局版北市業字第 1372 號
電腦排版：龍虎電腦排版股份有限公司
印　刷　者：東縉彩色印刷有限公司
初版一刷：2009 年 2 月

定價：新台幣 300 元　　■有著作權·侵害必究■
ISBN 978-986-191-223-3

讀者意見回函卡

No. _____   填寫日期： 年 月 日

感謝您購買本公司出版品。為提升我們的服務品質，請惠填以下資料寄回本社【或傳真(02)2367-1457】提供我們出書、修訂及辦活動之參考。您將不定期收到本公司最新出版及活動訊息。謝謝您！

姓名：_____   性別：1□男   2□女

職業：1□教師 2□學生 3□上班族 4□家庭主婦 5□自由業 6□其他____

學歷：1□博士 2□碩士 3□大學 4□專科 5□高中 6□國中 7□國中以下

服務單位：_____   部門：_____   職稱：_____

服務地址：_____   電話：_____   傳真：_____

住家地址：_____   電話：_____   傳真：_____

電子郵件地址：_____

書名：_____

一、您認為本書的優點：（可複選）

　❶□內容 ❷□文筆 ❸□校對 ❹□編排 ❺□封面 ❻□其他____

二、您認為本書需再加強的地方：（可複選）

　❶□內容 ❷□文筆 ❸□校對 ❹□編排 ❺□封面 ❻□其他____

三、您購買本書的消息來源：（請單選）

　❶□本公司 ❷□逛書局⇒_____書局 ❸□老師或親友介紹

　❹□書展⇒____書展 ❺□心理心雜誌 ❻□書評 ❼其他_____

四、您希望我們舉辦何種活動：（可複選）

　❶□作者演講 ❷□研習會 ❸□研討會 ❹□書展 ❺□其他____

五、您購買本書的原因：（可複選）

　❶□對主題感興趣 ❷□上課教材⇒課程名稱_____

　❸□舉辦活動　❹□其他_____   （請翻頁繼續）

```
┌─────────────────────────┐
│ 廣　告　回　信          │
├─────────────────────────┤
│ 台 北 郵 局 登 記 證    │
├─────────────────────────┤
│ 台 北 廣 字 第 940 號   │
└─────────────────────────┘
```
（免貼郵票）

 心理出版社 股份有限公司

台北市 106 和平東路一段 180 號 7 樓

TEL: (02) 2367-1490
FAX: (02) 2367-1457
EMAIL:psychoco@ms15.hinet.net

沿線對折訂好後寄回

六、您希望我們多出版何種類型的書籍

　❶□心理 ❷□輔導 ❸□教育 ❹□社工 ❺□測驗 ❻□其他

七、如果您是老師，是否有撰寫教科書的計劃：□有□無

　　書名／課程：＿＿＿＿＿＿＿＿＿＿＿＿＿＿＿＿＿＿＿＿

八、您教授／修習的課程：

上學期：＿＿＿＿＿＿＿＿＿＿＿＿＿＿＿＿＿＿＿＿＿＿＿

下學期：＿＿＿＿＿＿＿＿＿＿＿＿＿＿＿＿＿＿＿＿＿＿＿

進修班：＿＿＿＿＿＿＿＿＿＿＿＿＿＿＿＿＿＿＿＿＿＿＿

暑　假：＿＿＿＿＿＿＿＿＿＿＿＿＿＿＿＿＿＿＿＿＿＿＿

寒　假：＿＿＿＿＿＿＿＿＿＿＿＿＿＿＿＿＿＿＿＿＿＿＿

學分班：＿＿＿＿＿＿＿＿＿＿＿＿＿＿＿＿＿＿＿＿＿＿＿

九、您的其他意見

＿＿＿＿＿＿＿＿＿＿＿＿＿＿＿＿＿＿＿＿＿＿＿＿＿＿＿＿

謝謝您的指教！　　　　　　　　　　　　　　41606